정증자의 신앙 에세이

뒷모습이 아름다운 사람

뒷모습이
아름다운
사람

정증자 지음

차 례

5_ 엔딩 노트

눈물의 골짜기가 만들어낸
아름다운 삶

사람은 누구나 자기만의 이야기가 있다. 스토리가 많은 사람일수록 글로 남기고 싶은 욕구가 있는가보다. 활자로 남겨둔 기록은 절대로 사라지지 않는다는 말을 듣고 글쓰기를 시작했다.

난 아무도 예수를 믿지 않던 가정에서 예수를 믿고 목사가 된 사람이다. 믿음의 조상을 둔 사람이 포크레인으로 땅을 판다면 나는 마른 땅을 호미로 파는 격이어서, 내 인생에는 굽이굽이 눈물의 골짜기가 많았다. 한데 그 눈물의 골짜기가 세월이 지나니 아름다운 샘이 되어 내 앞에 펼쳐져 있다.

사람들은 고난과 암흑을 싫어한다. 하지만 고난 속엔 대개 하나님의 뜻이 담겨 있다. 또한 하나님은 어둠 속에서 생명을 자라게 하신다. 어머니의 자궁 속은 어둡다. 그런데 그 어두운 자궁 속에서 생명이 자라게 하신다. 문제가 때로는 기적을 일으키는 재료가 되기도 한다.

　우리 인생에는 좋은 시절도 어려운 시절도 있다. 결국 좋은 삶이란 좋은 시절로만 이루어진 게 아니라, 그 모든 순간들이 어우러져 숨겨졌던 의미가 드러나는 삶일 것이다. 삶은 실력과 성공과 도약으로만 완전해지는 게 아니라, 결함과 실패와 추락을 껴안음으로써 완전해진다는 뜻일 테니까.

내 삶의 의미요법

하나님은 나의 생애 여정에 두 갈래의 길을 내어 주셨다. 전반기에는 인간의 육체를 돌보는 의료인의 삶을 살게 하시고, 후반기에는 인간의 영혼을 돌보는 목회자의 삶을 살게 하셨다.

전후반 생애의 중심에는 공통적으로 죽음의 문제가 깔려 있다. 인간이 제일 두려워하는 것이 죽음이다. 항우 장사도 죽음 앞에서는 떤다 하지 않는가. 그 다음으로는 피다. 병상에 누운 덩치 큰 성인 남자도 피를 보면 겁을 낸다. 초등학교 시절의 기억인데, 아이들끼리 싸울 땐 상대 아이의 코피를 먼저 터트리는 쪽이 승자가 되었다. 아무리 힘센 아이도 상대가 휘두른 주먹을 맞고 코피가 터지면 그걸로 끝이었다. 피는 남녀노소 할 것 없이 비슷한 공포감을 준다. 회심 후 목회자가 된 후부턴 예수 그리스도의 십자가 사랑을 전하며 그의 보혈을 가까이 하는 삶을 살아왔다.

세상은 대체로 의사라는 직업을 선호한다. 그러나 병원에서 같이 일하면서 내 눈에 비친 의사들의 모습은 극한의 일을 수행하는 노동자에 가까웠다. 그 중에서도 외과의사는 3D 업종에 속한다고 말할 수 있다. 어떤 경우엔 외과의 옆에서 꼬박 9시간을 서서 수술을 도운 적도 있었다. 그럴 때면 다리가 퉁퉁 부었다. 지금도 우리 딸들은 '엄마 닮아서 다리가 굵어 치마를 못 입겠다'고 불평한다. 아마 다리가 굵은 이유 중에는 직업병이 포함되지 않았나 싶다.

암환자를 포함해 수술환자들은 메스를 사용하여 직접 환부를 열어보기 전까지 그 상태의 경중을 정확히 알기가 어렵다. 그러니 심각한 상태인 걸 모르고 수술실에 들어갔는데, 수술 도중 사망하는 경우도 있다. 웃으면서 수술실에 들어간 사람이 싸늘한 시체가 되어 나오거나, 수술 경과가 좋아 낙관하고 있던 환자가 갑자기 합병증으로 잘못되는 일도 발생한다. 삶과 죽음의 경계가 종이 한 장 차이인 걸 일찍이 경험했다고 해야 할까.

외과병동 간호사로 근무하던 처녀 시절, 인간은 죽으면 그걸로 끝이라고 생각했다. 그러나 하나님의 부르심으로 기독교인이 되고부터 죽음 후엔 또 다른 세계가 있다는 것을 알게 되었다. 그때부터 고민하기 시작했다. 한 번 밖에 주어지지 않는 소중한 삶을 어떻게 살아야 할까? 내가 살아가는 이유는 무얼까?

소위 실존을 둘러싼 고민과 함께 내 인생의 의미를 깊이 궁구하게 되었다. 그 때 읽은 책 중의 하나가 세계적인 정신분석학자 빅터 프랭클이 쓴 《죽음의 수용소에서》였다. 그 책에는 이런 내용이 담겨 있다. 삶과 죽음이 간수의 손가락 하나에 달려 있던 허무의 공간 아우슈비츠 강제수용소.

"이번 크리스마스까지는 나치가 패망하고 수용소가 해방될 거래."

하지만 기대와는 달리 수용소에서는 아무 일도 일어나지 않았다. 그다음 날부터 수용자들은 급격히 무너져 내렸다. 절망에 따른 병사病死와 자살이 잇따랐다. 하지만 프랭클은 꿋꿋이 이겨냈다. 그에게는 두 가지 희망이 있었기 때문이다. 하나는 사랑하는 가족들을 반드시 만나는 것, 다른 하나는 자신의 의미요법에 대한 연구를 완성하는 것이었다. 프랭클은 수용소 경험을 통해 이런 결론을 내렸다.

'미래에 대한 믿음을 상실한 사람은 살 수 없다. 그러나 살아야 할 이유를 가진 사람은 어떤 어려움도 견뎌낼 수 있다.'

의미요법, 즉 로고테라피logo-theraphy는 헬라어 로고스logos와 테라페이아therapeia를 합친 말이다. 로고스에는 말씀 외에 의미라는 뜻이 있고, 테라피아는 치료를 뜻한다. 따라서 로고 테라피란 사람들이 삶에서 의미를 찾아내도록 도움을 주어 고통을 치료

하는 기법이다. 자신의 삶에서 의미를 찾아내려고 노력하는 것이야말로 인간에게 내재된 삶의 의욕을 불러일으키는 가장 중요한 동기라는 게 프랭클 박사의 주장이다. 그는 생사를 넘나드는 극한의 고통을 체험한 그곳 나치 수용소에서의 생생한 기록을 통해 인간 존엄성의 승리를 보여주었고, 의미요법의 창시자가 되었다.

그의 이론은 기독교 세계관을 지닌 내게 깊이 스며들었다. 하나님은 생명의 주관자이시고, 예수님이 구원자이시라는 것을 한 사람에게게라도 더 전하는 것이 내 삶의 존재 이유다. 그러기에 오늘 할 일을 내일로 미루지 않는다. 내일은 아직 오지 않았으니 알 수 없고, 오늘만이 내게 주어진 선물임을 아는 까닭이다. 일을 할 때나 입술을 사용할 때 하나님의 영광을 드러내려고 힘쓰고 있다.

지난날을 회고하며 내가 이 글을 쓰게 된 것도 마침표를 아름답게 찍고 싶어서이다. 언젠가 나도 이 땅을 떠날 테니까. 무슨 위대한 일을 해서가 아니라, 내 자녀들에게 어미가 어떤 인생을 살아왔고, 어떻게 믿음을 키우며 지켜왔는지에 대한 작은 기록이나마 남기고 싶어서이다. 이것이 내 삶의 의미요법이다.

저자 정중자

현대사회는 포장문화가 잘 발달된 시대라고 합니다. 그래서인지 상품의 내용 못지않게 그것을 감싸고 있는 포장에 더 치중하여 화려하게 꾸미는 것을 볼 수 있습니다.

하지만 정중자 목사님의 이 책은 오히려 그 반대가 아닌가 싶습니다. 저자 자신의 성장과정과 험난했던 삶의 모습을 있는 그대로 진솔하게 표현하셔서, 글을 읽는 내내 가슴이 따뜻해지고 감동 또한 컸습니다.

순조롭지 않았던 자신의 삶을 회상하며 목회자의 길로 인도하신 하나님의 은혜에 감사하면서 열정을 다해 목회사역을 감당해온 단편들을 담아낸 이 책을 통해 우리는 하나님께서 정중자 목사님을 택정하여 부르시고 훈련과 교육과 연단을 통하여 만년에 교회를 세우게 하신 걸 볼 수 있습니다.

정 목사님께서는 뒤늦게 학문에 발을 들여놓았으나 남다른 학구열을 발휘하여 석사(중앙신학대학원대학교)에 이어 박사학위(코헨신학대학교)를 취득하신, 대단한 열정의 소유자이기도 합니다.

초대 제사장 아론이 그 아들 엘르아살에게 제사장직을 승계(민 20:25-29)하였듯이, 정 목사님께서도 개척하신 교회에서 담임목사로서의 시무를 잘 마치고 사위와 딸을 후임자로 담임목사를 승계한 것은 실로 아름다운 모습이 아닐 수 없습니다.

성경적 보수주의자요 복음주의자로서 성삼위 하나님을 바라보며 성공적 목회의 본을 보여주신 정중자 목사님께 감사드리며 이를 자랑스럽게 여기는 바입니다.

이건호 목사(신학박사, 대한예수교장로회 중앙총회 총회장)

책의 저자이신 정중자 목사님은 여성 목회자로서 어지럽고 복잡한 사회에 빛과 소금의 역할을 잘 감당하고 있는 분이라고 생각합니다.

목사님은 예사랑교회를 개척하여 담임목사로 18년, 동사목사로 2년째 사역하고 있습니다. 현재 예장중앙총회 경기지역 부총회장으로 교단 발전에 기여해 왔음은 물론 복음을 통한 지역사회의 돌봄과 섬김에도 애정을 쏟고 있습니다.

정 목사님은 목회현장에서 있었던 일들을 교단지인 '기독교중앙신문'와 '기독교중앙뉴스'의 온·오프라인에 연재해 독자들로부터 큰 호응을 얻기도 했습니다. 사람들은 흔히 자신의 약점을 숨기고 자랑할 만한 일이나 자기 업적을 앞세우기 마련인데, 목사님께선 선뜻 꺼내기 쉽지 않았을 가족의 이야기와 자신의 연약한 부분들을 진솔하게 풀어냈습니다. 목회자의 덕목인 '진실성'을 보여줌으로써, 울림을 안겨준 것입니다.

인간의 창작물 중에서 가장 생명이 긴 것이 책이라고 합니다. 권력과 재산은 없어지지만 책은 오랜 세월 동안 남아 있기 때문입니다. 그러므로 사람으로 태어나 정성과 정력을 기울여서 해볼 만한 일이 있다면, 단연 자신의 삶을 책으로 남기는 일이라 생각합니다.

이 책이 많은 독자의 손에 안겨져 그들에게 유익을 주고 신앙과 인격을 바로 세우는 데 기여할 것을 기대하면서 기꺼이 일독을 권합니다.

한규섭 목사(목회학·신학박사, 기독교중앙신문 편집국장)

"닳아 없어질지언정 녹슬어 없어지진 말자." 정중자 목사님의 글을 대하니, 문득 이 말이 떠오릅니다. 어디서 무엇을 하든지 열정적으로 최선을 다하시는 정 목사님의 일거수일투족은 제게 항상 귀감이 되곤 했습니다.

정 목사님과의 만남은 약 십칠 년 전 함께 참석했던 영성세미나를 통해서였습니다. 그때 처음 뵌 목사님의 모습은 아주 열정적이며 적극적이셨습니다. 말씀을 전하실 때도 논리정연하며 영성이 뒷받침된 메시지로 청중에게 은혜를 끼쳤습니다.

이 글을 읽는 동안에도 저는 웃다가 울다가 많은 은혜와 감동을 받았습니다. 산전수전 공중전을 다 겪게 하시며 여기까지 정 목사님을 인도하신 에벤에셀의 하나님을 찬양합니다. 그 모습이 부족한 저와 많은 부분 닮아 있는 듯하여 더욱 공감이 되고 감동이 컸는지도 모르겠습니다.

이 글을 읽는 분들마다 하나님의 크신 은총이 함께 하시기를 기도드립니다.

이강일 목사(섬김의교회 당회장)

제게 신앙의 선배이자 장모가 되시는 정중자 목사님께서 "뒷모습이 아름다운 사람" 이라는 제목의 자전에세이를 출간하시게 된 걸 매우 기쁘게 생각합니다. 마치 솜씨 좋은 여인이 정성으로 한 땀 한 땀 수를 놓듯 써내려 가신 이 책에서 목사님은 당신의 지나온 삶을 자녀들에게 조곤조곤 들려주듯 진솔하게 풀어내십니다.

목사님은 책의 제목처럼 뒷모습이 아름다운 분이십니다. 독자들은 이 글을 통해 하나님께서 저자이신 목사님을 어떻게 '뒷모습이 아름다운 사람'으로 빚어 가셨는지를 알게 될 것입니다. 더 나아가 자신도 뒷모습이 아름다운 사람이 되고 싶다는 마음을 품으며 은연중 자기 매무새를 살피게 될 것입니다.

김성은 목사(예사랑교회 담임)

1

유년의 뜨락

격변의 세월 속에서

 70년 이상 대한민국에서 살아온 세대만큼 격변의 세월을 보낸 사람들도 드물다. 한 사람 한 사람의 파란만장한 일대기는 우리나라 근현대사의 훌륭한 스토리가 된다. 그들은 일제의 식민지 생활을 경험했다. 해방 후에는 동족상잔의 전쟁을 치렀으며, 보릿고개를 힘겹게 넘어야 했고, 그런 와중에서도 전쟁으로 폐허가 된 땅을 번영의 땅으로 바꾸어 놓았다. 이들 개개인의 역사는 드라마틱한 우리 근현대사의 역사가 되고도 남는다.

 그런 격변의 세월 속에서 나는 태어났다. 해방이 되고 9개월 후에 태어나서 일제는 경험하지 못했지만, 동족상잔의 6·25는 경험했다. 내 나이 다섯 살 때의 일로 기억한다. 내가 태어난 곳은 촉석루와 기생 논개로 유명한 경상남도 진주시 평거동이었는데, 6·25 전쟁 때 우리 동네에도 인민군들이 쳐들어온다는 소문이 돌아서 부모님과 우리 형제는 외가가 있는 산청군 시천면 덕산으로 피난을 가게 됐다.

어렴풋한 기억이지만 그때 어머니는 셋째를 가져서 만삭의 몸이었다. 아버지는 보퉁이와 내 손을 잡고, 어머니는 만삭의 몸에 동생을 업고 어느 산등성이를 넘을 때였다. 갑자기 따,따,따,따 하는 따발총 소리가 산등성이에 울려 퍼졌다. 혼비백산한 아버지는 나를 어깨에 메고 산등성이를 내리 달렸다. 내 머리가 땅에 닿을 정도로 흔들거리자, 어린 나이지만 간담이 서늘했다. 그렇게 우리는 겨우 산등성이를 넘어왔다. 얼마나 먼 길을 걸었는지 검정 고무신을 신은 발에 물집이 생겨서 더 걸을 수가 없었다. 나는 고무신을 벗어 양손에 쥐고 맨 발로 걸었다.

몇 백리를 걸어 외가에 도착했을 땐 이미 많은 친척들이 피난을 와 있었다. 큰외숙모는 마당에 멍석을 깔고 큰 양푼에 밥을 한가득 퍼 담아 놓으셨다. 나는 사람들 틈을 비집고 들어가서 숟가락을 찾을 겨를도 없이 두 손으로 밥을 움켜쥐고 입에 한가득 퍼 넣었다. 그 장거리 피난길을 걸어오면서 무얼 먹은 기억이 없었다. 실컷 퍼먹고 온 얼굴에 밥풀 투성이를 해 가지고 기어 나오는 나를 보고, 아버지와 친척들은 한바탕 웃으셨다. 그런 와중에도 웃음을 지을 수 있다는 것이 그저 신기했다.

그러나 피난 간 외가에서도 오래 있을 수가 없었다. 아무 말씀은 없으셨지만, 다 같이 어려운데 군식구가 언제까지 얹혀살 수는 없었던 것이다. 진주가 좀 조용해졌다는 소식을 듣고 우리는 다시 집으로 왔다. 군데군데 폭탄에 쓰러진 집들이 있었지만, 다행히 우리 집은 그대로였다.

그런데 인민군들이 양식이란 양식은 다 가져가서 우리는 때 끼니가 없었다. 어렵사리 어머니가 쌀을 조금 구해 오셨다. 다른 식구들은 모두 들에 나가 푸성귀란 푸성귀는 다 뜯어 와서, 거기에다 쌀을 한웅 큼 넣고 죽을 끓여 온 식구가 먹고 살았다. 항상 먹거리가 부족했지만, 그 누구도 불행하다고 생각하진 않았다. 그저 환경에 순응하며 살았다. 형들은 으레 동생들을 돌보았고, 스스로 양보할 줄도 알았다. 자녀들은 부모에게 순종했다.

70년의 세월이 흘렀다. 그동안 우리는 그 어려웠던 시절을 까마득히 잊고 살았다. 그 시절 겨우 다섯 살짜리가 몇 백리를 걸으면서도 불평을 몰랐던 나는 이젠 조금만 어려워도 불평불만을 말하는 간사한 인간이 되었다. 그때에 비하면 비교도 안 될 만치 잘 살게 되었음에도, 지금은 너나 할 것 없이 가난하다고 불평한다. 오늘날 우리가 가난하다는 것은 상대적 빈곤감이다. 상대방이 많이 가진 것에 비해 내가 가진 것이 적으면 가난하다고 생각한다. 그러나 그때는 절대적 빈곤이었다. 당장의 의식주

해결이 급선무였다. 그렇지만 오늘날과 같이 서로를 적대시하고 갈등하지 않았다. 그때는 전부 대가족이었다. 우리 집에도 열 식구가 살았다. 그런데 지금은 어떤가? 기초적인 의식주는 거의 해결이 되었다. 그렇지만 훈훈한 인간관계는 사라졌다. 심지어 친척들 간에도 남남처럼 살아간다. 동기간에도 이기주의가 팽배해 있다. 양보하거나 손해 볼 줄을 모른다. 원인이 무엇일까.

격변의 세월을 살아온 부모 세대들은 자신들의 서러운 과거를 대물림하지 않기 위해 허리춤을 졸라매며 열심히 일했다. 어떻게든 자식들만큼은 잘 가르치고 먹이고 입히고 편안하게 살게 해주려고 안간힘을 쓰신 부모님들이었다. 그런데 이제 와서 돌아보면 그 행위가 꼭 잘한 것만 같지는 않다. 가끔 부모들이 "우리 세대는 굶기도 많이 했다"고 말하면, 자녀들은 "왜 굶어? 라면 끓여 먹으면 되지"라고 대꾸한다. 그 간극이 너무 멀다.

사도 바울은 "나는 비천에 처할 줄도 알고 풍부에 처할 줄도 알아 모든 일 곧 배부름과 배고픔과 풍부와 궁핍에도 처할 줄 아는 일체의 비결을 배웠다"(빌4:12)고 했다. 하나님께서 출애굽 한 백성들을 평탄한 지름길로 보내지 않고, 광야 한가운데로 내 보내신 데에는 어떤 교훈이 담겨 있는지 한 번쯤 묵상해 볼 만하다.

신작로 기와집에 가보이소

내 고향 진주는 서부 경남의 중심지이다. 산청, 함양, 하동, 합천으로 가는 모든 차들이 우리 집 앞으로 지나간다. 그런 연고로 우리 집은 차 소리에 하루도 조용할 날이 없다. 포장이 안 된 신작로 바로 옆에 집이 있다 보니, 마루를 닦아 놓아도 금세 먼지 투성이가 된다. 그 뿐이 아니다. 겨울철엔 저녁 5시가 되면 모든 차들이 끊어진다. 차를 놓친 사람들은 하룻밤을 묵을 곳이 없다. 요즘처럼 여관이 있는 것도 아니고, 설사 있다 해도 가난한 사람들이 여관에 묵을 여유가 없다. 그렇게 되면 행인들은 이집 저집 하룻밤 묵어갈 집을 찾는다. 그러면 으레 동네 사람들은 "저, 신작로 기와집에 가 보이소"라고 한다.

마을 사람들에게 우리 집은 무료 숙박업소로 통했다. 우리 집은 위채는 기와집이고 아래채는 초가로 지어 놓았는데, 언제부터인지 아래채는 과객들의 쉼터가 되었다. 할머니는 한 번도 그들을 그냥 돌려보낸 적이 없다. 먹을 것이 없으면 고구마라도 대접해서 재워 보냈다.

유독 나에 대한 사랑이 깊으셨던 할머니는 내 방을 아래채의 제일 전망 좋은 곳에 마련해 주셨다. 총명한 큰손녀라고 여기신 할머니의 특별 배려였다. 초등학교 4학년 때 서울에 계시는 아버지가 알루미늄 소재의 사각 도시락을 보내 주셨는데, 나는 그것을 애지중지했다. 그 당시 친구들은 밥그릇에 점심을 싸오던 때였기 때문에 나의 알루미늄 도시락은 우리 반의 자랑거리였다.

그런데 어느 날 아침 그것이 없어졌다. 그 전날은 손님들이 많아서 내 방까지 내어 주었는데, 아무리 생각해도 간밤에 묵고 간 나그네의 소행이라 생각됐다. 무료로 재워준 걸 고마워해야 할 마당에 소중하게 여기던 도시락까지 가져가다니 괘씸하기 짝이 없었다. 난 할머니에게 투정을 부렸다.

"할무이! 인자 지나가는 사람들 재워 주지 마이소! 잠만 자고 갈 것이지, 왜 도둑질을 합니꺼."

"놔도라. 그도 자기 자석에게 올매나 주고 싶었으면 그랬겠노. 자야! 이기 다 하늘에 덕을 쌓는기라. 내가 이러는 거는 느그들 잘되라고 그라는 기라."

아끼던 도시락을 도난당해 잔뜩 골이 나있는 나를 할머니는 이렇게 다독여 주셨다.

하지만 이런 일만 있는 건 아니었다. 무료 숙박을 오래 제공해 주다보니, 어떤 분들은 그때 너무 고마웠다고 콩도 가지고 오고, 깨도 가지고 오셨다. 할머니는 예수님을 모르셨지만, 예수님의 가르치심을 미리 실천하신 분인 것 같다.

"주라 그리하면 줄 것이니 곧 후히 되어 누르고 흔들어 넘치도록 하여 너희에게 안겨 주리라"(눅6:38)

진주사범학교와 우리 집

진주에서 평거동은 농지가 넓기로 유명한 곳이다. 오뉴월에 창문을 열면 온 벌판이 초록으로 물들어 있다. 이런 곳에 살면서도 식구 많은 종가의 우리 집은 바늘 꽂을 땅 한 평 없는 형편이었다. 할머니, 어머니, 삼촌, 고모, 우리 4남매까지 총 열 명의 가족이 한 지붕 아래 모여 살았다. 객지에서 직장생활을 하셨던 아버지가 보내 주시는 월급으로는 우리 열 식구가 살아가기엔 빠듯했다. 궁여지책으로 할머니와 어머니는 하숙을 시작하셨다. 하숙생들은 주로 진주사범학교에 다니는 학생이었다.

진주사범학교는 장래 초등학교 교사가 될 학생들을 가르치는 교육기관이다. 서부 경남 일대에서 유일한 사범학교이기 때문에, 사천, 고성, 삼천포, 함양, 산청, 하동에서 공부깨나 하는 학생들이 몰려들어 인기가 높았다. 그들은 대부분 집이 멀기 때문에 하숙을 해야 했다. 진주사범학교에서 우리 집과의 거리는 약 오리2km쯤 떨어져 있어서, 하숙생들로 인해 방이 비는 날이 없었다. 방이 비는 날은 여름과 겨울 방학 때 뿐이었다.

하숙생 중에는 벌써 결혼을 한 사람도 있었다. 자신들은 일찍 결혼한 것이 창피하다며 숨기고 있었지만 가끔 그들의 부모님이 찾아오면 다 밝혀지게 되었다. 또한 이곳 사범학교에 다니는 오빠들 덕분에, 나는 과외 선생이 따로 필요 없었다. 숙제를 하다가 모르면 초등학생인 나는 아랫방 하숙생 오빠들에게 물으면 되었기 때문이다.

우리 집 아침은 항상 와자지껄했다. 한쪽에서는 이 닦고 세수하는 동안 한쪽 방에서는 책가방을 챙기고 옷을 갈아입는다. 아침밥상에 둘러앉아 그 많은 식구들이 밥을 먹을 땐, 전날 학교에서 있었던 일이며 이런저런 얘기들을 나누느라 우리 집의 아침풍경은 장마당을 방불케 했다.

할머니와 어머니는 하숙으로 삼촌과 고모를 비롯하여 우리들을 가르치셨다. 당시 우리 동네에는 논밭이 수십 마지기가 있는 집안에서도 자식들을 초등학교만 보내고 농사일을 시키는 경우가 많았다. 하지만 할머니와 어머니는 어떻게든 자식을 가르쳐야 한다는 교육관을 지니셨다. 덕분에 1950년대에 큰삼촌은 진주농업고등학교를, 작은삼촌은 서울 선린상업고등학교를 졸업하셨다.

두 분은 하숙생들을 보면서 자식은 가르쳐야 한다고 느끼시기

도 했지만, 자신들의 못 배운 한을 자식들에게는 결코 물려주어
선 안 된다고 생각하셨던 것 같다. 어린 내가 보기에도 두 분은
다른 동네 어르신들과는 사뭇 달랐다 동네 분들도 할머니와 어
머니가 생각이 트인 사람이라고 말하곤 했다. 그리고 할머니는
기억력이 탁월하셨다. 한번 들은 것은 잊어버리지 않으셨다. 그
에 반해 어머니는 수학적 재능이 있으셨다. 어머니의 암산은 주
산을 잘하던 큰삼촌도 혀를 내두를 정도로 정확했다. 동네 사람
들은 "가진 것 없는 집안에서 쓸데없는 가시나들까지 공부시킨
다"고 흉을 보았다. 그럴 때마다 할머니는 자식교육을 위해 여러
번의 이사를 마다하지 않은 맹자의 어머니 이야기를 꺼내셨다.
할머니와 어머니가 하숙을 통해서 교육에 눈을 뜨신 것은 지금
생각해도 감사한 일이다.

사랑이란?

　주요섭의 단편소설 《사랑방 손님과 어머니》를 떠올리면 항상
내 어머니가 생각난다. 나는 어머니 아버지가 서로에게 다정한
눈빛을 주고받는 걸 한 번도 본 적이 없다. 어머니에게 아버지는
늘 손님과 같은 존재였다. 아버지는 도회지의 청년이었고, 어머

니는 순박한 시골 처녀였다.

'뼈대 있는 가문의 처자'라며 밀어붙이는 조부모님의 강요에 의해 결혼을 했지만, 아버지는 어머니에게 정을 붙이지 못했다. 이런저런 핑계로 아버지는 객지생활을 했다. 훤칠한 키에 얼굴도 준수한 아버지가 부산 남포동 거리를 지나가는데, 어떤 사람이 다가와서 "배우 남궁원 씨 맞죠?"라고 하면서 싸인autograph을 해달라고 하더란다.

그런 아버지 곁에는 늘 여인들이 맴돌았다. 물론 아버지는 장남으로서 가장으로서 가정에 대한 책임에 소홀함이 없으셨다. 할아버지가 일찍 돌아가신 연고로 동생들을 공부시키고 많은 가족을 부양하는 데 최선을 다하셨다. 할머니에게 그 아들은 하늘같은 존재였다.

반평생을 여자문제로 어머니에게 마음고생을 시키고도 항상 당당하셨던 아버지는 생전 처음 어머니에게 무릎을 꿇었다.

"아이만 키워주면 죽을 때까지 당신 속 썩이지 않을 테니 한번만 봐줘요."

어느 날 밖에서 낳은 생후 2개월짜리 핏덩이를 안고 와서는 어머니에게 키워달라고 간청을 한 것이다. 내 나이 20대 초반의 일이었다. 어머니에게 이 이야기를 들었을 때, 아버지에 대한 분노와 실망감이 나를 휘감았다. 머릿속이 하얘졌지만 맏딸인 내가 정신을 차려야 했다. 충격을 받은 어머니 대신 내가 상대 여인을 만나러 갔다. 만나러 갈 땐 무슨 말이라도 할 수 있을 것 같았는데, 막상 고개 숙인 젊은 여인을 보니 연민의 마음이 들었다. 나를 만난 여인은 눈물을 흘리며 자기는 아기를 키울 자신이 없으니 맡아 달라고 애원하듯 말했다. 아기도 여인의 상황도 안타깝게 느껴졌다. 결국 생후 두 달 된 아기를 어머니가 맡았다. 그리고 그 후 그 여인은 두 번 다시 우리 가족들 앞에 나타나지 않았다.

우리는 돌림자를 따서 아기 이름을 상호라고 지었다. 쉰이 넘은 어머니는 우유와 암죽으로 아기를 키웠다. 식구 많은 집에서 당신이 낳은 자식들은 이 사람 저 사람 손에 맡기셨으나, 당신 손으로 죽을 떠먹이며 처음부터 끝까지 키워보기는 상호가 처음이라 하셨다.

사람 마음은 참 간사하다. 십여 년 동안 아기가 없던 집에 아기 울음소리가 나고 자라서 걸음마도 하고 재롱도 부리니, 이 아기로 인해 우리 집에 웃음꽃이 피었다. 피는 물보다 진하다고 했던가. 우리는 그렇다 치고 친정어머니는 자주 말씀하시곤 했다.

"나는 상호를 정말 사랑한다. 방호보다 더 사랑한다."

당신의 큰아들 방호는 딸 셋을 낳은 후에 얻은 금쪽같은 자식이다. 나는 내 어머니의 말에 조금의 가식도 없으시다는 것을 안다. 그렇게 말씀하시던 어머니는 막내아들 상호의 결혼식을 보았고, 손자손녀 남매를 손수 키우시며 상호와 함께 사시다가 소천하셨다.

그런데 어머니가 소천하신 후 얼마 지나지 않아 상호는 뇌종양이라는 불치의 병에 걸렸다. 어머니가 계셨더라면 얼마나 상심이 크셨을까? 상호는 죽는 날까지 자기가 엄마의 늦둥이 아들인 줄 알았다. 어머니는 늘 입버릇처럼 "내가 이 늦둥이 때문에 이 고생을 한다"는 소리를 늘 듣고 자랐기 때문이다. 우리도 엄마만큼 동생을 사랑했다. 당시 신학교에 다니고 있었던 나는 매일 동생이 입원해 있는 병원에 들러서 눈물로 기도했다.

"하나님! 제 친엄마 얼굴도 모르고 불쌍하게 태어난 녀석입니다. 부디 이 아들에게 은총을 베풀어 주옵소서."

내 어머니를 생각하면 지금도 가슴이 아려온다. 어떻게 다른 여인에게서 낳은 자식을 자신의 친아들보다 더 사랑할 수 있을까? 나는 종종 어머니에게 투정 부리듯 말했다.

"엄마, 왜 그렇게 바보처럼 살았어?"

그러면 어머니는 사족을 달지 않고 직설로 화답하셨다.

"너희들 때문이지."

하나님께선 "사랑은 허다한 죄를 덮느니라"(벧전4:8)라고 했다. 어머니는 성경 말씀을 삶으로 실천하신 것 같다. 사랑할 수 없는 대상을 사랑하는 게 진짜 사랑이 아닐까.

증자(增子)라는 이름을 주신 할아버지

　나는 친할아버지에 대한 기억이 없다. 어머니에 따르면 내가 세 살 때 할아버지가 돌아가셨다고 했다. 해방이 되고 나서 전국적으로 호열자라는 전염병이 돌았다고 한다. 그 병에 걸리지 않으려면 알코올 성분이 강한 술을 마셔야 된다는 민간 처방이 떠돌았던 모양인데, 그 말을 들은 할아버지는 동네 어른 몇 분과 함께 그 술을 마셨단다. 그리고 불과 몇 시간 만에 그 분들이 다 돌아가셨다고 한다. 강한 알코올 성분이 속을 다 태웠기 때문이라는 게 어른들의 추론이었다.

　졸지에 할아버지를 잃은 우리 가족들은 경황없이 장례를 치렀다. 흩어져 살던 친척들이 모여들었다. 노란 빛깔의 삼베옷을 입고 머리에 두건을 쓰고 지팡이를 짚고 '아이고~ 아이고~' 하며 곡을 하는 집안 어른들을 따라 당시 세 살이던 나도 지팡이를 짚고 엄마 뒤에서 '아이고~ 아이고~' 하며 울고 있더라고 후에 어른들이 웃으면서 이야기하셨다.

　한학에 조예가 깊었던 할아버지는 첫 손녀딸인 내 이름을 더

할 중增에 아들 자子를 넣어 '增子'라고 지어줌으로써, 아들 손자를 원하는 당신의 마음과 아쉬움을 이름으로 표현하셨다. 나는 이 이름 때문에 난처한 적이 많았다. 상대방이 이름을 물으면 꼭 두 번 이상을 말해야 했다. 어떤 분은 '정자'냐고 하고, 어떤 분은 '징자' 혹은 '진자'라고도 했다. 이래저래 이름이 마음에 안 들어서 속으로 할아버지를 원망한 적도 있고, 개명을 시도한 적도 있었다.

그런데 목회를 하고부터 이 이름이 얼마나 귀한 이름인지 알게 되었다. 목회자의 소원이 무엇인가? 교회가 부흥되는 것이다. 그런데 내 이름은 '더할 중, 아들 자', 즉 날마다 믿음의 아들이 늘어난다는 뜻이니 얼마나 좋은 이름인가. 할아버지의 선견지명에 다시 한 번 감사를 드린다.

잊을 수 없는 스승, 김태기 선생님

며칠 전 신문에서 40대 초등학교 여교사가 학생들이 점심 급식을 하러 나간 사이 교실에서 스스로 세상을 등졌다는 소식을 접했다. 컴퓨터에 남긴 글에는 '업무 때문에 너무 힘들다'는 내용의 유서를 남겼다고 한다. (국민일보 2019.5.22. 사회면)

전문가들에 의하면, 교사들이 학생과 학부모 그리고 동료 교사와 사회로부터 다양한 압박을 받지만 고민을 쉽게 털어놓지 못한 채 고립감을 경험하는 경우가 많다고 지적한다. 이 기사를 접한 나는 가슴이 먹먹해졌다. 둘째 딸이 초등학교 교사인데, 평소 두통을 호소하거나 소화불량을 호소할 때가 더러 있었다. 그때마다 나는 대수롭지 않게 여겼는데, 그 기사를 접하고 보니 그도 가족에게 말 못하는 고민이 있어서 그런 거였나 싶었다. 세상에 쉬운 일은 없다는 생각을 새삼 하게 되었다.

　청년실업이 국가적인 이슈가 된 것과 맞물려, 교사는 철밥통이라 하여 부러움과 시샘의 대상이 되고 있는 듯하다. 그렇지만 속내를 들여다보면 교사직도 그리 만만치는 않다. "스승의 그림자도 밟지 않는다"는 말은 이제 옛말이 되었다. 대한민국은 지구촌에서 손꼽힐 정도로 교육열이 대단히 높은 나라다. 이와 쌍벽이라도 이루듯 우리나라 부모들의 자녀교육에 대한 극성 또한 도를 넘는다고 생각한다. 자기 자녀가 조금이라도 불이익을 당했다 싶으면, 담임은 제쳐두고 교장실로 뛰어 들어가 소리 지르는 모습을 종종 보게 된다. 그러니 평교사가 얼마나 스트레스를 받겠는가. 어쨌든 교사와 학생 간 사제의 정도 삭막해진 게 요즘 전반적인 세태인 듯하다. 그럼에도 불구하고 나는 이러한 세상풍조와 역행하는 따뜻한 사제지간도 여전히 존재한다고 믿는 사람 중의 하나다.

　나에게는 50여 년의 세월이 흘러도 결코 잊을 수 없는 은사 김태기 선생님이 계신다. 선생님은 작가의 꿈을 가진 내가 가정형편상 대학에 들어가지 못하게 된 걸 아시고, 당신의 친구가 경영하는 종합병원 원무과에 취직을 시켜주셨다. 1년간 월급을 모아서 다음 해에 대학에 들어가라고 격려해 주신 나의 잊지 못할 은사님이다. 아버지의 마음으로 나를 인도해 주신 선생님 덕분에, 나는 그 병원에서 10년을 근무했고, 베테랑 간호사가 될 수 있었다.

　결혼과 함께 녹록치 않은 인생을 살아오느라, 은사님을 생각할 겨를도 없이 50여 년의 세월이 흘렀다. 스승의 그림자도 밟지 않는다는 속담은 이젠 옛이야기가 된 것인가? 지난날의 스승과 제자 사이가 너무 그립다. 나의 은사 김태기 선생님은 당신이 맡은 학생들을 졸업만 시키면 교사로서의 소임은 다한 것인데, 제자의 장래까지 걱정해 주시며 관심과 사랑으로 관계를 이어오셨다.

　스승의 이 은혜를 어이 다 갚을까. 50여 년이 지난 지금, 은사 김태기 선생님이 아직도 생존해 계시는지, 생존해 계시다면 연세가 얼마나 되셨을까 궁금하다. 이 무심한 제자가 제대로 된 감사의 인사 한번 드리지 못한 게 못내 아쉽다. 선생님, 만수무강 하옵소서. 멀리서나마 인사드립니다.

꿈과 현실 사이에서

"바늘 꽂을 땅 한 평 없는 집에서 뭐 쓸데없는 가시나들까지 공부를 시키노."

어려운 가정살림에 줄줄이 학생들뿐인 우리 집을 보고 동네 사람들이 수군대며 비아냥거렸지만, 어머니는 아랑곳하지 않고 우리 형제의 뒷바라지를 정성껏 다하셨다. 아버지가 보내주시는 생활비가 턱없이 부족했기에, 할머니와 어머니는 하숙을 치고 농번기 때는 품을 파셨다. 또한 토마토나 딸기가 나올 때는 그것을 함지에 이고 시장에 내다 팔기도 하셨다. 그렇게 하셨음에도 우리 열 식구의 입에 들어갈 먹거리는 늘 부족하기만 했다.

우리 사남매는 모두 세 살 터울이다. 내가 대학에 가면 바로 아래 동생은 고등학교에, 그 다음 동생은 중학교에 입학하게 돼 있었다. 할 수 없이 나는 대학 진학의 꿈을 접어야 했다. 유난히 나에게 관심을 가져 주셨던 담임선생님이 하루는 나를 부르셨다.

"증자야, 한 해만 참자. 친구가 종합병원 원장인데, 거기 사무원으로 1년만 근무해서 등록금을 마련하거라. 그래서 내년에 대학에 들어가면 좋겠구나."

학급에서 성적도 우수하고 나름 착실하게 보신 제자에 대한 선생님의 배려이리라. 나는 담임선생님의 손에 이끌려 진주에서 제일 큰 종합병원 원무과에 취직이 되었다. 병원은 늘상 환자가 많아 아침부터 저녁까지 북새통이었다. 농약을 치다가 농약 중독이 되어 멀쩡한 장정이 죽어 나가지 않나, 맹장염인 줄 모르고 참고 있다가 복막염이 되어서 위험한 순간에 병원에 찾아온 사람도 있었다. 원장님이 서울의대 외과 교수를 지낸 분이라는 소문이 나서 서부 경남에서 오는 환자들로 인해 수술실은 불이 꺼질 날이 없었다.

가끔 간호사들이 결근을 할 때면, 사무원들까지 동원될 때가 종종 발생한다. 나도 가끔 차출이 되어서 수술방에 들어가기도 했다. 어린 나이였던 나는 의사가 수술 부위를 째고 장기를 드러내는 것을 보면 무섭기도 하고 신기하기도 했다. 시간이 지날수록 나는 사무원보다는 의료 기술을 익혀야겠다는 생각을 했다.

한 번은 수술실 간호사가 결혼을 하는 바람에 그가 맡은 자리를 메울 사람이 없었다. 수술팀은 4명이 한 조를 이루는 것이 보통이다. 집도의는 나를 수술기계 조수로 세웠다. 나는 긴장이 되었지만, 그동안 눈으로 익힌 간접 기술을 총동원해서 수술 조수 역할을 무사히 마쳤다. 그런데 수술이 끝나고 집도의 선생님이 나를 보고 'Good trained nurse'라면서 엄지를 치켜세웠다. 전문 의로부터 잘 훈련된 간호사라는 칭찬을 받게 될 줄이야. 그날 밤 잠을 청하는데 그 말이 머릿속을 떠나지 않았다.

'정말 내가 작가의 꿈을 접고 간호사의 길을 가야 하는가?'

그 일이 있고 난 후 자의 반 타의 반으로 나는 간호보조를 하게 되었다. 그런데 가만히 보니, 똑같은 일을 하는데 면허가 있는 간호사와 봉급 차이가 많이 났다. 그래서 결심했다. 나는 간호사 국가고시를 준비했다. 그야말로 주경야독이었다. 하나님의 은혜로 국가고시에 합격해서 정식 간호사가 되었다.

사무원과 보조간호사 때보다 훨씬 많은 봉급을 받았다. 병원에서 숙식을 하기 때문에 봉급 타는 날만 집에 갔다. 봉급을 받아 그 돈으로 할머니가 좋아하시는 음식과 동생들의 학용품을 사고, 나머지는 어머니에게 생활비를 드렸다. 그때마다 어머니는 눈시울을 붉히셨다. 사회생활에 어느 정도 적응이 되고 보니, 어느새 나는 우리 가정의 두 번째 가장이 되어 있었다. 대학의 꿈은 점점 멀어져가고, 병원에서는 인정받는 수간호사로 10년을 근무했다.

의사의 직업을 가진 사람은 머리 좋고 돈도 잘 번다고 해서 배우자감 1호로 생각하는 사람들이 제법 많다. 그러나 그 세계를 좀 더 자세히 들여다보면, 이런 기대와 환상은 쉽게 갖지 않을 것이다. 특히 외과의사의 경우, 그들이 수고하는 걸 보면 너무나 안쓰럽고 안됐다는 생각마저 들 때가 많다. 《골든아워》의 저자이며 아주대병원 중증외상센터장인 이국종 교수는 이렇게 말한다.

"나는 외과의사의 삶이 얼마나 무거운 것인지 뼛속 깊이 느낀다. 그 무게는 환자를 살리고 회복시켰을 때 느끼는 만족감을 가볍게 뛰어 넘는다. 터진 장기를 꿰매고 다시 붙여 놓아도 내가 생사에 깊이 관여하는 것은 거기까지다. 수술 후에 파열부위가 아물어가는 것은 수술적인 영역을 벗어난 이야기이고, 나는 환자의 몸이 스스로 작동해 치유되는 과정을 기다려야 한다. 그 지난한 기다림 속에서 내가 할 수 있는 일은 없다. 내가 직접 환자를 살려낸다거나 살려냈다고 할 수 있는가? 나는 그 질문에 답할 수 없다. 외과의사로 살아가는 시간이 쌓여갈수록 외과의사로서의 나의 한계를 명백히 느낀다."

외과병동은 생과 사의 갈림길에선 환자를 살리기 위해 피와 땀이 범벅이 된다. 나는 의사 신랑을 만날 생각은 추호도 없었다. 성경은 "사람이 자기의 길을 계획할지라도 그 걸음을 인도하시는 분은 여호와시라"(잠16:9)고 했다. 나는 작가의 길을 걷길 원했다. 그런데 하나님께선 이스라엘 백성의 기대와는 다르게 그들을 지름길이 아닌 광야로 인도하셨듯이, 나의 길을 인도하시는 데 있어서도 한 번도 생각해 본 적이 없는 의료인의 길을 걷게 하셨다. 그리고 중년에는 목회자의 길로 인도하셨다. 인생의 말년에 이른 야곱이 애굽의 왕 앞에서 '험악한 인생을 살았노라' 고백한 것처럼, 하나님은 젊은 날의 내게도 험난한 인생을 살게 하신 후 인생 말년에 이르러 비로소 어릴 적 꿈인 글을 쓰게 하셨다. 하나님의 섬세한 이끄심에 그저 탄복할 뿐이다.

시몬, 너는 아느냐

병원은 삶과 죽음이 오가는 곳이다. 하지만 죽음 문턱에 갔던 사람이 기적적으로 살아났을 때 의료인으로서의 보람을 크게 느낀다. 50년 전 지방의 종합병원 분위기는 요즘과 많이 달랐다. 지금은 병원이든 회사든 전산 및 첨단장비로 사무자동화 시스템이 구축돼 있지만, 그 시절엔 근무환경도 그렇고 모든 시설이 낙후되어 있었다. 하지만 그땐 병원에서도 제법 사람 냄새가 났다. 회복의 가망이 없던 사람이 기적적으로 살아나기라도 하면, 환자 가족은 물론 온 병원이 잔치 분위기가 된다. 가족들이 직원들에게 식사를 대접하기도 하고, 작은 선물을 마련해서 감사를 표현하기도 했다.

한번은 경남 사천에 사는 60대 후반의 여자 환자가 교통사고를 당해 우리 병원에 실려 왔다. 불행하게도 하반신 두 다리를 절단해야 한다는 진단이 나왔다. 차마 눈뜨고 볼 수 없을 만큼 심한 중상이었다. 그런데 가족들은 한 다리만이라도 살릴 수 없겠느냐고 주치의를 붙잡고 눈물로 호소했다. 의사라고 환자의 두 다리를 절단하고 싶은 이가 어디 있겠는가. 이럴 때 의사의 고민은 깊어진다.

온 병원이 그 환자의 예후에 관심이 쏠렸다. 우리는 최선을 다했다. 다리 한쪽은 너무 짓이겨져서 도저히 살릴 수가 없었다. 다행히 한쪽 다리는 혈관 접합수술을 하고 나니 가까스로 피가 통했다. 한데 얼마 지나서 보니 피부에 괴사가 생겼다. 모든 의료진이 절망에 빠졌다. 항생제를 쏟아붓다시피 했다. 그렇게 며칠이 지났을까. 괴사된 부위의 세포가 하나하나 치유되고 살아나기 시작했다. 우리는 실낱같은 희망을 갖고서 조각난 뼈를 하나하나 맞춰나갔다. 한 달이 지나고 두 달이 지나니 뼈가 붙고 혈관이 통해서 한쪽 다리는 쓸 수 있게 되었다.

두 달이 지난 어느 날, 우리는 그 환자의 방 앞에 '치유를 축하드립니다'란 플래카드를 걸었다. 가족들은 '우리 엄마 첫걸음 떼는 날'이라며 케이크를 사왔다. 병원 직원들까지 환자의 가족이 되어 케이크에 촛불을 켜고 축하의 노래를 불러드렸다. 비록 한쪽 다리만 회복이었지만, 환자와 가족들은 눈물을 흘리며 고마워했다.

장기 입원한 환자들은 그냥 환자가 아니라, 가족 같은 느낌이 들 때가 많다. 장기 입원 환자 중 아들이 군 제대하고 복학을 기다리고 있었는데, 하필 그 즈음에 어머니가 사고를 당하는 바람에 아들이 간병을 맡고 있던 분이 있었다. 그 대학생 아들은 병원에서 미남으로 통했다. 그 어머니는 틈만 나면 나를 자기 며느리 삼고 싶다고 하셨다. 환자인 어머니 뿐만 아니라 본인도 마음이 있었는지, 주사 놓으러 병실에 들르면 얼굴이 붉어지면서 쪽지를 내 주사기 박스 안에 살짝 찔러 넣어주곤 했다.

20대 초반인 내가 설레는 마음으로 그 쪽지를 풀어보면, 거기엔 아주 낭만적인 시가 적혀져 있곤 했다. 한번은 자신이 애송하던 프랑스 시인 구르몽의 〈낙엽〉이라는 시를 자기 나름으로 각색해서 내게 건네줬다.

시몬, 너는 좋으냐

낙엽 밟는 발자국 소리가

가까이 오라

우리도 언젠가는 가련한 낙엽이 되리라

가까이 오라

벌써 밤이 되었다

바람이 몸에 스민다

시몬, 너는 좋으냐

낙엽 밟는 발자국 소리가
시몬, 네 눈은 수정 같이 맑다
시몬, 네 목덜미는 눈 같이 희다

　나는 그 시를 또 읽고 또 읽었다. 4개월 만에 그 어머니는 퇴원을 하셨고, 아들은 복학을 위해 곧바로 대학이 있는 부산으로 내려갔다. 몸이 멀어지면 마음도 멀어지는 것일까. 한동안은 열심히 편지를 주고받았으나, 점차 시들해졌다. 나의 첫사랑은 이렇게 아련히 멀어져 갔다. 벌써 50년이 지난 이야기지만 엊그제 같이 선연하다. 어른들이 말씀하지 않던가. 몸이 늙는 것이지 마음은 늙지 않는다고. 아~ 옛날이여.

2

눈물로 가꾼
하늘 정원

그 해 겨울은 지독히 추웠다

"언니가 무슨 결함이 있으니까 동생이 먼저 시집갔다고 생각할 거 아이가? 내사 사람들 보기 창피하고 억수로 자존심 상한데이."

3살 아래인 여동생이 먼저 결혼을 하고나자 어머니의 성화가 이만저만이 아니었다. 어머니는 나만 보면 수시로 결혼을 재촉하셨다. 요즘이야 미혼으로 살든 이혼을 하든 대수롭지 않은 일이 오십년 전엔 과년한 처녀가 시집을 안가면 흉이 되던 시절이었다. 어머니는 사람들이 혹여 그런 오해를 할까봐 당시 살고 계셨던 부산을 벗어나 작은아버지가 살고 계신 서울에서 여동생의 결혼식을 치렀다. 동생에겐 오랫동안 동생을 좋아하고 '일편단심 민들레'로 기다리던 청년이 있었다. 중학교 수학교사였던 그 청년은 동생과 나이 차이가 났다. 남자 편에서 보면 나이는 먹어 가는데 여자의 집에 결혼 적령기인 언니가 가로막고 있어서 혼인 얘기를 꺼내기가 쉽지 않았던 것이다.

그 때 나는 종합병원 근무 8년차의 수간호사로 재직 중이었다. 어머니는 차례 바꿈을 안하시려고 백방으로 내 선 자리를 찾아보았지만 성사가 되지 않았다. 나는 왠지 경상도 남자가 마음에 들지 않았다. 흔히 하는 말로 '경상도 남자는 집에 오면 딱 세 마를 한다' 하지 않는가. "얼라는?", "밥 묵자", "자자" 말이다. 나는 뻣뻣하고 무뚝뚝한 경상도 사나이보다 다정다감하고 살가운 남자를 만나고 싶었다.

어느 날 서울에 살고 계시는 작은아버지에게서 연락이 왔다. 자기 친구 중에 아직 결혼을 안한 친구가 있다는 것이다. 나와 나이 차이는 좀 있지만, 성품이 유순한 서울 남자라 했다. 동국대 영문과를 나오고, 롯데 계열사에 다니는 총각 과장이며, 형님이 의사라고 했다. 그 말을 듣고 내가 휴가 때 작은아버지 집에 가면 어떤 남자가 나를 조카님, 조카님 하면서 영화 보러 가자고 하던 남자가 어렴풋이 떠올랐다. 작은아버지 친구라는 것 외에 다른 감정은 없었다.

작은아버지 말이 사실이라면 내가 생각하는 조건과 얼추 맞다고 여겼다. 우리 아버지는 큰아들이고, 작은아버지는 막내이다 보니 나하고 숙부하고는 8살 차이밖에 나지 않았다. 작은아버지는 일찍 결혼을 해서 아이가 셋이나 있었다. 그런데 그 사람과 가까이 지내는 것은 작은아버지가 서울에서 고등학교를 다닐 때, 그 사람 집에서 하숙을 하셨기 때문이라고 한다. 그런 인연으로 절친이 됐던 모양이다.

총각이 급했는지 부산 우리 집까지 왔다. 그런데 어머니는 그 사람을 보더니 반대했다. 눈망울이 흐릿하다는 이유에서였다. 남자가 눈동자가 살아 있어야 가정을 끌고 갈 것인데, 눈매가 야무지지 못하다는 것이다. 반면 아버지는 "얼굴에 밥이 붙은 인상이라 제 식구 굶기지는 않을 것 같다"고 하시면서 작은아버지와 적극 찬성했다. 살다가 어려움이라도 닥치면 의사인 형이 좀 도와주지 않겠느냐고도 하셨다.

나는 왠지 마음에 썩 끌리지 않았다. 그런데 어쩌랴. 조금 있으면 내 나이 스물여덟이 되지 않는가. 연애하는 기간은 없었으나 살다보면 정이 들겠지 생각했다. 그리하여 1970년 12월에 부산 청탑예식장에서 결혼식을 올렸다. 경주로 신혼여행을 갔는데, 외국인을 만나면 영어도 유창하게 잘하고, 매너도 좋았다. 이 정도면 괜찮겠다 싶었다.

결혼식 후 신혼여행을 마치고 서울에 왔다. 남편은 뚝섬에 달랑 단칸방 하나를 얻어 놨다. 나중에 들었는데, 의사인 형님한테도 결혼식을 알리지 않았다고 한다. 형님이 결혼을 한다고 하면 반대할 것 같아서란다. 그도 그럴 것이 결혼한다는 총각이 모아둔 돈 한 푼이 없었다. 사기 결혼도 이런 사기 결혼이 없었다. 작은아버지는 친구라면서 그런 걸 까마득히 몰랐다니 여러 가지로 기가 찼다.

방은 큰 누님이 마련해 주었다는데, 그것마저도 조건을 걸고 얻어준 것이었다. 큰 누님은 성남에 살고 있는데, 누님에겐 서울에서 중학교를 다니고 있는 큰딸이 있었다. 그 딸을 맡아주는 조건으로 방을 얻어준 것이었다. 졸지에 신혼인 단칸방에서 나는 중학교 2학년 조카딸하고 살게 되었다.

나의 생각으로는 이해가 되지 않았다. 이제까지 직장생활 하면서 왜 돈 한 푼 모아놓지 못했을까? 남편은 고생이라는 걸 모르고 산 사람 같았다. 알고 보니 술을 좋아하고, 허구한 날 당구를 치러 다녔다. 월급은 매번 가불을 해서 쓰다 보니 돈이 모일 새가 없었던 것이다. 돈이 줄줄 새는 스타일이었다.

나의 이런 상황을 들으시고 부산에 계시는 할머니가 서울로 올라 오셨다. 그리고 사돈인 시누이하고 담판을 벌이셨다.

"이런 경우는 없습니다. 사돈! 어떻게 신혼방에 다 큰 처자를 같이 자게 합니까? 내 손녀 딸 이렇게 살게 둘 순 없습니다. 당장 데려가겠습니다."

할머니의 불호령에 시누이는 그 다음날로 딸을 데려갔다. 그

때부터 나의 결혼생활은 눈물의 연속이었다. 한 번도 월급을 봉투째 가져오는 법이 없었다. 다 떼고 겨우 입에 풀칠할 정도만 가져왔다. 그 시절만 해도 여자는 결혼을 하면 직장은 접는 것으로 생각할 때라, 일을 한다는 것은 엄두도 내지 못했다. 결혼하고 바로 임신이 되었다. 서울은 부산보다 춥고, 입덧을 해서 더 추웠다. 그해 겨울은 지독하게 추웠다.

결혼 3개월 만에 복병을 만나다

나의 신혼시절을 떠올리면 지금도 목구멍에 가시가 걸린 느낌이다. 누가 '허니문'이라고 했는가? 나에게 이 시기는 꿀이 떨어지기는커녕 눈물로 범벅이 된 천야만야 낭떠러지로 떨어지는 아픔의 기간이었다.

입덧이 어느 정도 가셨다. 남편은 전라도 마이산으로 회사 동료들과 등산을 간다고 했다. 그리고 나에게 넌지시 한마디를 건네고 집을 나섰다.

"당신 돈 300만 원 빌릴 데 없어? 돈을 갚아야 할 데가 있는데."

나는 어안이 벙벙했다. 이제 결혼한 지 석 달된 새 색시에게 돈을 빌려 오라니. 그것도 아무 연고도 없는 서울에서.

생각다 못해 작은아버지에게 이야기를 전했다. 잠시 뒤 작은아버지가 한달음에 달려오셨다. 그런데 그냥 오시지 않고 1톤 트럭 한 대를 빌려오셨다.

"트럭을 왜 가지고 오셨어요?"

작은아버지는 답변 대신에 나더러 당장 짐을 싸라 하셨다.

"이 놈 이렇게까지 형편없는 놈인 줄 몰랐다."

작은아버지는 노발대발하셨다. 여유 있는 가정에서 자라선지 걱정이 없어 보였고, 친구들에게 밥도 잘 사주고 성격도 호방해서 좋게 보았단다. 그런데 뚜껑을 열고 보니 이렇게 속빈 강정인 줄 몰랐다는 것이다. 이제는 당신의 조카딸을 소개해서 결혼까지 시켰는데, 이 일을 어떻게 수습해야 할지 난감해 하셨다. 특히 처음부터 마음에 안 들어 하시던 형수님에게 어떻게 말해야 할지 아주 난처하신 모양이었다.

작은아버지는 남편을 단단히 훈련시킬 작정이셨다. 이제는 친구가 아니라 처삼촌이었다. 나는 무엇이 어떻게 돌아가는지 알지 못하고 그저 작은아버지가 시키는 대로 짐을 쌌다. 마침 6촌 언니가 불암동에서 양계장을 하는데, 그 창고에 짐을 넣어 놓기로 하고 남편 짐은 큰 등산용 백에 넣어서 방 한가운데에 놓고 나왔다. 셋방 보증금은 누님 돈이라고 하니 알아서 할 일이었다.

이틀이 지난 저녁때 쯤, 등산에서 돌아온 남편이 사색이 되어서 작은아버지 집으로 왔다. 돌아오면 아내가 밥을 해놓고 기다리고 있을 줄 알았는데, 집에 와보니 아내와 가재도구는 간 곳없고 자신의 등산용 백 하나만 방 한가운데에 달랑 놓여 있으니놀랄 만도 했을 것이다.

남편은 체면 불구하고 작은아버지에게 무릎을 꿇었다. "죽을죄를 지었으니 한 번만 용서해 달라"고 했다. 그러나 작은아버지는 그럴 수 없다고 하셨다. 나무가 되지 못할 싹은 애당초 잘라버려야 한다면서 이혼을 시키겠다고 하셨다. 남편은 다음날도그다음 날도 찾아와서 용서를 구했다. 얼마나 힘들었는지 입술이 다 부르텄다. 한 달 쯤 지나 다시는 그러지 않겠다는 각서를받고 우리는 종로6가 작은아버지 옆집으로 이사했다. 이사 간집은 한 지붕 아래 네 가구가 사는 구조인데, 우리는 문간방 화장실 옆방이었다. 기가 막힐 노릇이었다. 나의 화려했던 청춘의꿈은 다 어디로 날아갔을까. 아! 나의 우울한 스물여덟 살 새색시의 봄이여!

내 발로 찾아간 교회

남녀가 결혼해서 일생을 해로한다는 것은 기적 중의 기적이다. 그도 그럴 것이 전혀 다른 환경과 문화 속에서 살아왔던 남녀가 한 지붕 아래 살면서 일심동체를 이룬다는 것은 결코 간단한 일이 아니다. 나와 남편도 마찬가지였다.

남편은 비교적 유복한 가정의 막내아들로 부모님과 형제의 사랑을 받고 자랐다고 한다. 덕분에 성격은 유순하지만, 결단력이 없었다. 어려운 문제가 닥치면 스스로 그 문제를 해결하기보다 회피하려고 하고, 남에게 의존하는 성향이 있었다.

그와는 반대로 나는 가난한 가정에서 장녀로 자랐다. 그래선지 책임감이 강하고 추진력이 있다는 소리를 자주 들었다. 결혼초 여러 가지 어려움을 겪으면서 어차피 이 가정은 내가 끌고 가야겠다는 생각을 했다. 문제는 가정을 이끌고 가려면 지혜가 있어야 하는데 어떻게 해야 할까 였다. 그때 찾은 대상이 하나님이었다.

나는 우리 가문에서 제일 먼저 예수를 믿은 사람이다. 담임목사님이 평소에 말씀하시기를 "처녀 때 신앙은 믿지 못 한다. 어떤 남편을 만나느냐에 달려 있다"고 하신 적이 있다. 그 말씀대로 나는 결혼을 하고 하나님을 잊어 버렸다. 부모님이 믿지 않으니 결혼 주례도 비기독교인을 세웠다. 남편 집안은 가톨릭이었는데, 그나마 남편은 성당에 좀 다니다가 중도에 쉬고 있었다.

그때 나는 '내가 이 어려움을 겪는 것은 주님이 나를 부르시는 신호구나' 하고 생각했다. 이 깨달음이 오자 하나님께 너무 죄송했다. 이웃 미장원에 들러 "근처에 좋은 교회가 있으면 소개 좀 해달라"고 부탁했다.

미장원 주인은 자기가 교회에 나가는데, 자기는 주일학교 반사이기 때문에 시간을 맞출 수가 없다고 했다. 그래서 교회 위치를 물어서 내 발로 찾아갔다. 성전 제일 뒷자리에 앉자마자 하염없이 눈물이 흘렀다. 그동안 어려웠던 일, 하나님을 떠났던 일 등을 떠올리자 회개의 눈물이 봇물처럼 터졌다.

"하나님, 내 목숨이 끝나는 날까지 다시는 주님을 떠나지 않겠습니다."

그 서원대로 나는 지금까지 주님께 붙어 있다. 그때 나는 전도가 참 필요하다는 것을 절실히 깨달았다. 내가 믿음 안에 들어와 보니 그때 미장원 주인에게 아쉬운 마음이 들었다. 주위에 누군가 교회에 출석하기를 원한다면 만사를 제쳐두고 즉시 모시고 가서 안내해 주는 게 옳다. 요즘 전도가 안 된다고 하지만, 그 때의 나처럼 지금도 주님을 간절히 찾고 있는 사람이 분명히 있다고 생각한다. 나는 그때의 경험을 생각해서 때를 얻든지 못 얻든지 전도를 한다. 주님이 나를 살리셨다. 그때 주님 앞에 나오지 않았다면, 아마 나는 지금쯤 이 세상 사람이 아닐지도 모른다.

가정 예배

예수를 인격적으로 영접하고 난 후 내가 제일 부러워한 것 중의 하나는 믿음의 조상을 둔 사람들이었다. 마치 나는 호미로 땅을 판다면 그들은 포크레인으로 땅을 파는 것 같았다. 같은 기도 제목을 가지고도 그들은 응답이 빠른데, 나는 고통스럽게 기다리게 하시는 것 같았다.

큰아이가 7살, 둘째가 5살, 막내아들이 3살 되던 때부터 난 저녁마다 아이들과 둘러앉아 하나님 앞에 가정예배를 드렸다. 찬송 부르고, 사도신경으로 신앙 고백을 하고, 말씀을 읽고, 돌아가면서 기도를 했다. 한번은 3살짜리 아들의 기도 차례가 돌아왔을 때다. 이제 겨우 간단한 말을 구사할 수 있게 된 아들이 신통방통한 기도를 하는 게 아닌가.

"하나님, 이 세상 모~든 사람들이 다 예수 믿게 해 주세요."

특별히 모든 사람 할 땐 '모~~든'에 악센트까지 주면서 기도하는 게 참 대견하고 앙증맞았다. 예배를 마치고 아들에게 왜 '모~~든' 사람이라고 했느냐고 하니까, 그렇게 오래 해야 다 예수 믿으러 나온다고 했다. 난 감격스러워 눈물이 났다. 그때도 남편은 예배에 참여하지 않고, 예배 시간이 되면 불쾌한 얼굴로 집에 들어오곤 했다.

남편의 사업장에 1톤 트럭이 필요했다. 나는 가정예배에 기도 제목으로 이걸 내놨다. 계속해서 1톤 트럭을 달라고 기도했더니, 기도를 시작한지 두 달 만에 1톤 트럭을 사게 되었다. 아이들은 자신들의 기도를 들어주셨다고 좋아서 펄펄 뛰었다. 우리는 여세를 몰아 이번에는 승용차를 주시라고 기도했다. 그런데 이번에도 하나님은 우리의 기도에 응답하셔서 80년대 초반에 포니 승용차를 사게 되었다. 그 경험으로 아이들은 하나님은 살아 계시고, 기도하면 들어주신다는 것을 마음에 품고 살아간다.

어릴 적의 가정 예배가 지금도 저들이 주 안에서 믿음생활을 하는 원동력이 된 것 같다. 유대인들은 아버지가 신앙이 없고 한쪽 어머니가 유대인이면 자녀는 유대인이 된다. 디모데의 경우가 그렇다. 그만큼 어머니의 신앙교육이 중요하다는 걸 대변한다. 성도들 중에는 다 큰 자식이 교회에 나오지 않는다고 애를 태우지만, 머리가 커지면 믿음의 자리로 들어오기가 쉽지 않다.

내가 일생을 통해서 잘한 일이라고 생각하는 것이 있다. 자식들이 어렸을 때 하나님을 알게 한 것이다. 그 결과로 큰딸은 주의 종이 되었다. 그리고 주의 종인 남편을 만났다. 둘째 딸과 아들은 교회 집사와 찬양대 대원으로 충성하고 있다. 손녀딸은 찬양 반주를 한다. 나는 우리 자녀들에게 물질적인 유산은 물려줄게 없다. 그러나 저들에게 신앙을 물려주게 하신 하나님께 감사한다. 다윗이 고백하기를 "내가 어려서부터 늙기까지 의인이 버림을 당하거나 그 자손이 걸식함을 보지 못하였다"(시37:25)는 하나님의 말씀을 액면 그대로 믿었기 때문이다.

바둑알을 삼킨 아이

한 지붕 아래 네 가정이 살던 결혼 초의 일이다. 큰아이가 막 돌을 지났다. 남편은 아직도 직장을 구하지 못하고 있었다. 빈둥빈둥 집에서 있자니 무료했던지 혼자서 바둑을 두고 있었다. 그 옆에서 엉금엉금 기어 다니던 큰딸아이가 갑자기 캑캑 소리를 내며 새파랗게 질려 있었다. 놀라서 아이를 살폈는데 아무래도 바둑알을 삼킨 것 같았다.

나는 생각할 겨를도 없이 아이 목에 내 손가락을 넣었다. 아이가 숨이 막혔던지 겨우 위아래로 두 개씩 난 앞이빨로 내 손가락을 물어버렸다. 손가락을 넣은 것 때문에 바둑알이 아이 목에 콱 박혀서 질식 직전 상태였다. 우리 부부는 너무 놀라 신발 신는 것도 잊은 채 맨발로 아이를 안고 병원으로 뛰었다. 집이 언덕배기에 있어서 한참 내려가야 도로가 나왔다. 정신없이 뛰어가고 있는데 아이가 갑자기 '으앙' 하고 울었다. 내려다보니 피 묻은 하얀 바둑알이 땅에 떨어져 있었다. 이렇게 아이는 살아났다.

정신을 차려보니 너무 놀란 남편이 아이를 안고 간 것이 아니라, 거꾸로 다리를 어께에 메고 뛴 것을 뒤늦게 알았다. 그 까닭에 목에 걸렸던 바둑알이 튀어나온 것이었다. 바로 안고 갔더라면 가는 도중에 기도가 막혀 정말 위험할 뻔했다. 정신없이 아이를 들쳐업고 갔지만, 하나님이 도우셔서 아이를 살리셨다.

많은 세월이 흘렀다 그 딸아이가 지금 나이 쉰이 되었다. 그리고 어엿한 목사가 되었다. 지금도 그때를 생각하면 정신이 아찔하다. 저 아이를 잃어버렸으면 얼마나 가슴이 아팠을까. 자식은 죽으면 가슴에 묻는다고 한다. 부모는 그냥 되는 것이 아니다. 내 부모님도 나를 키울 때 얼마나 힘든 날이 많았을까. 어른들이 흔히 자식이 말썽을 부리거나 마음 아프게 할 때면 "너도 자식 낳아 키워봐라"고 하시는데 그냥 하시는 말이 아니었다. 하나님도 이렇게 노심초사하며 우리를 양육하신다.

내 몸으로 자녀를 낳았지만, 순간분초도 눈을 떼지 않고 이 아이들을 보호하시는 분은 하나님이시다. 내 힘으로는 자녀들을 안전하게 돌볼 재간이 없다. 피난처 되시는 하나님께 맡기는 것이 제일 안전하다.

둘째 딸 별칭은 깡다구

자존심 하나로 버틴 세월 속에서 삼남매를 낳았다. 의사인 시숙님은 동생보다 제수인 나에게 점수를 주었는지, 대조동에 있는 100평 되는 주택에 와서 살라고 하셨다. 건평이 40평 정도 되는 옛날 집이지만, 마당이 넓어서 아이들을 키우기에는 좋을 것 같았다. 다만 한 가지 부탁이 있단다. 자신의 큰아들(조카)네와 한 집에서 같이 지내면 좋겠다는 것이었다.

조카는 나보다 세 살 아래였다. 경희대 의대에 재학 중인데, 일찍 결혼해 아들까지 있었다. 어쨌든 두 집 아이들이 넷이나 됐다. 조카의 아들은 4살로 우리 큰아이보다 한 살 적었다. 우리 두 집은 동병상련의 마음으로 조카며느리가 아이 낳을 때 내가 해산구완을 해주었다. 삼촌과 조카는 어릴 적부터 한 집에서 자랐기 때문에, 말이 삼촌이지 형님과 동생 같은 사이였다.

아침이 되면 우리 집 마당은 왁자지껄했다. 아이들이 흙마당에서 소꿉놀이 등 여러 가지를 했기 때문에, 놀이동산이 따로 필요없었다. 아이들은 마당에서 응아도 하고 쉬도 했다. 아이들의 응아는 뒷마당에 키우는 멍멍이의 밥이 되었다. 그들이 마당에서 노는 때가 엄마들은 빨래하고 청소하는 시간이었다.

그런데 어느 날 마당이 조용했다. 그리 춥지 않은 초봄의 날씨

였으나 나는 세 살짜리 딸아이에게 빨간 케시미론 내의를 입혔다. 그런데 응아를 한다고 나간 아이가 갑자기 보이지 않는 것이었다. '이게 무슨 일이야!' 하고 나는 허둥대기 시작했다. '둘째가 어디로 갔을까? 마당에서 놀다가 제 언니를 따라나선 건가?'라고 생각하며 서성대고 있는데, 잠시 후 아이들 소리가 났다. 안도의 숨을 쉬었다. 그런데 둘째가 안 보였다. 큰아이를 붙들고 물었다

"혜진이랑 같이 가지 않았어?"

큰아이는 모른다고 했다. 머리가 쭈뼛 섰다. 동생이 뒤따라오는 줄 몰랐단다. 그러면 이 아이가 어디로 갔을까? 요즘처럼 휴대전화도 없던 시절이었다. 집 전화로 경찰서에 신고하고, 동네 집집마다 돌아다니며 아이를 찾기 시작했다. 그러나 아이의 소재는 감감무소식이었다. 남편한테 연락하면 집에서 아이나 잘 보지 않고 뭐하고 있었냐고 야단맞을 것 같아서 연락도 못했다. 이른 아침 나간 아이가 정오가 지나도 소식이 없었다. 내 속은 까맣게 타 들어 갔다. 이 거리 저 거리를 미친 여자처럼 뛰어다녔다.

오후 1시쯤 되었을까. 갈현동 사무소에서 연락이 왔다. '빨간 윗도리 입은 여자 아이를 찾았다'는 것이었다. 한달음에 동사무소로 달려갔다. 딸아이는 울지도 않고 나를 보더니 빙긋 웃었다. 동사무소 직원이 내게 물었다

"아주머니, 이 아이 이름이 강 깡다구예요?"

나는 그 와중에도 웃음이 나왔다. 둘째는 귀엽기도 하지만 평소 재롱을 잘 부렸다. 노래도 곧잘 해 주위에서 총명하단 말을 듣는 아이였다. 그런데 골이 나면 고집이 세서 우리는 '깡다구'라고 불렀다. 그것을 기억하고 있던 아이가 동사무소 직원이 이름을 묻자 "강 깡다구예요"라고 했나 보다. 직원들은 그 말에 한바탕 웃었다고 한다. "너 잘 하는 노래가 뭐야? 한번 불러 볼래"라며 언니, 아저씨들이 과자와 빵도 사주니 엄마가 찾는다는 걸 까맣게 잊고 자기가 아는 노래를 다 불렀던 모양이다.

동사무소 직원이 내게 말했다.

"깡다구가 노래도 잘 하고 애교도 아주 많아요."

열 손가락 깨물어 안 아픈 손가락이 어디 있을까. 한 살짜리 남동생을 등에 업고 딸아이의 손을 잡고 동사무소를 나오는데 감격의 눈물이 흘렀다.

"하나님, 감사합니다."

아이를 찾고 며칠 후 샤워를 하면서 발톱을 보니 왼쪽 엄지발톱에 새파랗게 멍이 들어 있었다. 그날 딸아이를 찾는다고 이 골목 저 골목을 정신없이 뛰어다니느라 발톱을 다친지도 몰랐다. 지금도 그 발톱은 훈장처럼 남아 있다. 그때의 기억 때문일까. 나는 요즘에도 신문이나 인터넷에 '아이를 찾습니다'라는 광고를 유심히 들여다보는 습관이 있다. 자식을 찾지 못한 부모들은 그 자식의 생일이나, 기쁜 일이 있을 때나, 맛있는 음식을 먹을 때나 항상 그 자식이 떠오를 것이다. 죽은 자식이라면 아파하다가 단념이라도 할 수 있지만, 잃어버린 자식은 목에 걸린 가시처럼 세월이 지나도 잊혀지지 않기 때문이리라.

옷 입기를 싫어하던 아이

6·25 이후 제일 자녀를 많이 낳은 때가 1970년대인 것 같다. 사람들은 그 세대를 '베이비부머 세대'라 한다. 나는 1971년과 1973년에 딸 둘을 낳았다. 사실 남편은 첫째부터 은근히 아들을 바라고 있었다. 남편은 첫째를 임신했을 때 아들일거라 기대하고, '국일'이라는 아들 이름을 지어놓고 있었다.

그런데 남편의 기대와 달리 딸이 태어났다. 내색은 크게 안 했지만 실망한 눈치였다. 둘째도 딸을 낳고, 셋째를 임신했다. 그 당시 세 아이를 잘 키울 수 있을까 염려도 되었지만, 또 딸이면 어쩌나 하는 걱정이 앞섰다. 그러나 '자식은 하나님이 주신 기업'인 것을 알기에 감사하며 기다렸다. 셋째가 아들이었으면 하는 바람으로.

어른들이 아들, 아들 하는 소리를 들으면 구시대 사람이라고 치부했는데 내가 그 입장이 되니 그게 아니었다. 그즈음 태몽을 두 번이나 꾸었다. 한번은 호랑이가 입에 빨간 깃발을 물고 달리는 꿈이었고, 또 한번은 커다란 멍석에 빨간 고추를 한가득 펴놓았는데 내가 그 위에 벌러덩 드러누워 있는 꿈이었다. 이 꿈이 분명 아들을 주시겠다는 메시지인 것만 같았다.

1975년 9월에 준수한 사내아이를 낳았다. 건강하게 잘 자라주었다. 그런데 이 녀석은 여름만 되면 알몸으로 돌아다녔다. 옷을 입혀 내보내도 언제 들어왔는지 옷을 마루에 다 벗어놓고 나가서 놀았다. 그 버릇을 네 살 때까지 하더니 그쳤다. 한 배에서 나와도 아롱이다롱이라고 하더니 그 말이 맞는 것 같았다.

여자아이 둘을 키우다가 사내아이를 키우니 많이 달랐다. 여자아이들은 무슨 일이든 재잘재잘 이야기를 하는데 사내아이는 말이 없었다. 한참 부산을 떨며 놀다가 조용해지면 아이한테 무슨 일이 있었다. 어떤 때는 너무 조용해서 제 방에 들어가 보았더니 열이 펄펄 나 놀랐던 적도 여러 번 있었다. 이를 뺄 때가 되었는데 아프다는 말을 안 해서 유치 사이로 영구치가 비집고 들어가 아들은 지금 양쪽으로 덧니가 나 있다.

장년이 된 아들은 지금도 말수가 적은 편이다. 어미는 속에 있는 말도 하고 살갑게 지내기를 원하지만 여전히 대화를 하거나 문자를 주고받는 데 있어서도 짧고 간결하다. 속마음은 따뜻한 아이인데 표현하지 않는 게 어미로선 항상 아쉽다. 결혼 적령기를 한참 지났는데도 결혼을 하지 않아 애가 탄다. 하지만 첫째도 오랜 기다림 끝에 하나님께서 좋은 좋은 배우자를 주셨으니 막내에게도 좋은 배필을 허락하시고 귀한 가정을 주시리라 믿는다. 그리고 늦게 예수를 영접했지만 장로로 생을 마친 아버지의 대를 이어 아들도 장로의 반열에 세워 주십사 기도하고 있다.

그 시대에 "둘만 낳아 잘 기르자"는 슬로건은 이제 '인구절벽'이라는 신조어를 낳았다. 가끔 지하철에서 '임산부 보호석'이라고 쓴 분홍색 의자를 보면 여러 생각이 든다. 1970년대엔 가임 여성 한 명의 평균 출산수가 평균 4.53명인데 비해 2018년에는 0.98명이라고 한다. 어려운 시대를 몸소 겪으며 70여 년을 살아온 사람으로서 참으로 안타깝게 느껴지는 부분이다.

인구는 국가의 힘이다. 두뇌가 총명하고 강인한 DNA를 가진 우리 대한민국은 국민 한 사람 한 사람이 경쟁력이며 미래다. 적어도 100년 뒤를 내다보고 인구정책을 펼치는 정책 입안자들의 지혜가 그 어느 때보다 시급하다.

나, 교회 가도 돼?

셋째를 낳고 남편의 믿음을 위해 본격적으로 기도에 들어갔다. 아기를 두고 가면 혹여 남편이 역정을 부릴까봐 추운 겨울에는 포대기에 아기를 업고 작은 담요를 씌워서 새벽기도에 나갔다. 담임목사님은 "여태까지 목회를 했지만 갓난쟁이를 업고 새벽기도에 오는 분은 정 집사님이 처음이다"라고 하셨다.

새벽기도를 다녀와서는 남편의 발치에 앉아 간절히 기도했다. 깊은 잠에서 깨어날 시간이라 내 기도를 남편이 들을 것으로 생각했기 때문이다. 어느 부흥사님이 말씀하시기를 "남편이 교회에 나오지 않으면 구두를 가지고 와서 이 신발을 신고 교회에 나오게 해달라고 기도하라"고 해서 그렇게도 해보았다.

그러나 남편은 조금도 변하지 않았다. 예배 끝나는 시간을 알고 조금이라도 늦게 오면 역정을 부렸다. 저녁마다 드리는 가정예배에 남편만 참여하지 않았다. 나와 아이들은 아빠가 예수 믿게 해달라고 날마다 기도했다. 우리의 기도를 비웃기라도 하듯, 가정예배 시간이면 남편은 술에 취해 불쾌한 얼굴로 들어오곤 했다. 나는 실망을 넘어 거의 절망 단계에 접어들었다. 그래서 하나님께 투정을 부렸다.

"하나님! 대한민국 사람 다 예수 믿어도 저 사람은 안 믿을 거 같아요."

그러던 어느 주일 아침이었다. 아이들을 먼저 교회학교에 보낸 뒤 예배에 갈 채비를 하는데, 남편이 방 아랫목에 비스듬히

누워서 내 얼굴을 유심히 바라보고 있었다. 평소 안 하던 행동인
지라 내가 농담 삼아 한마디 건넸다.

"왜 그렇게 봐요. 마누라가 예뻐서 그래요?"

그런데 갑자기 남편이 한마디 툭 던졌다.

"여보, 나 교회 가도 돼?"

나는 내 귀를 의심했다. 그렇게 말할 사람이 아니었다. 내가
다시 물었다.

"뭐라고요?"

남편은 다시 말했다

"나 교회 가도 되냐고?"

남편의 말을 다시 확인한 나는 남편 마음이 변할까봐 서둘러
대답했다.

"그럼, 되고 말고요. 빨리 양복 입어요. 당신은 양복이 잘 어울
려요."

드디어 남편과 나란히 교회에 출석하게 됐다. 남편과 함께 교
회로 향하는 내 발걸음은 하늘을 나는 것 같았다. 성경에 '한 영
혼이 천하보다 귀하다는 말씀이 이런 거였구나' 하는 생각이 들
었다. 하나님은 우리가 기도를 하되 내 때가 아닌 하나님의 때에
응답하신다. 기도는 결코 허공을 치는 일이 없다.

남편을 도구로 나를 단련하시다

"엄마는 학생 때 남들 앞에 나가 말도 잘하고 웃기기도 잘하는 친구들이 무척 부러웠단다. 왠지 난 사람들 앞에 나서면 얼굴부터 붉어졌거든."

그런 이야기를 하면 애들은 의외라는 표정을 짓는다.

"엄마! 정말? 믿어지지가 않아."

나는 어려서부터 남들 앞에서 발표를 하거나 앞장서는 일을 하지 못했다. 그만큼 숫기가 없고 당당하지 못했다.

그런 나에게 반전의 계기가 주어졌다. 남편을 만나고서부터다. 남편은 나와 성장환경이 많이 달랐다. 식구 많은 가난한 집안의 장녀로 자란 나는 나보다 상대방을 먼저 배려하는 편이다. 그에 반해 부유한 집안의 막내로 어려움 없이 자란 남편은 남보다 자신이 먼저였고, 의존적인 성향이 강했다. 그래서인지 어려움에 대처하는 능력이 부족하고, 고집은 누구보다 셌다.

그런 그가 좋은 직장에 사표를 내고 사업을 한다며 퇴직금과 사채를 얻어서 영등포에 폴리에틸렌 필름 공장을 차렸다. 그러나 경영능력 부족으로 부도가 났다. 문제가 발생했으면 그에 상응하는 해결책을 찾거나 자기 스스로 뒷수습을 해야 하는데, 그는 아무 대책도 없이 대학 동창이 운영하는 젖소농장으로 도망

처버렸다.

그때부터 나는 고민하기 시작했다. 저런 남자와 일생을 같이 하려면 내가 달라져야 할 것 같았다. 이제까지는 숫기가 없고 당당하지 못했지만, 내가 전면에 나서지 않으면 우리 가정은 풍비박산이 날 상황이었다. 나는 많은 고민을 하고 기도로 무장한 뒤 남편이 채무를 진 사장을 만나러 갔다. 최소한의 성의를 보일 돈을 준비해 가지고 갔다.

"사장님. 젊은 사람 한번만 기회를 주십시오. 반드시 갚겠습니다. 집에는 어린 삼남매가 있습니다."

예의를 갖추고 진심을 담아 사정했더니 사장이 감동을 받은 모양이었다.

"강 사장 생각하면 용서할 수 없지만, 사모님을 봐서 고소는 하지 않겠습니다. 잘 하고 사십시오."

내 생애에 처음으로 해낸 일이었다. 그 후로도 세무조사, 교통사고 등 수많은 일들을 내가 전면에 나서서 해결해야 했다. 그런 일들을 계기로 나는 사람들 앞에 나서는 일이 두렵지 않게 되었다. 50대 중반을 넘긴 여자의 몸으로 교회를 개척한다는 것은 쉬운 일이 아니었다. 거저는 없다고 했던가. 이제까지의 훈련이 자산이 된 셈이다.

문제만 생기면 내 뒤에 숨곤 했던 남편이 어느 날 내가 교회개척을 하겠다고 하니 쌍수를 들고 반대했다. 아내가 고생할 것을 알기 때문이었으리라. 그러나 나는 이번에도 선포해버렸다.

"누가 뭐래도 나는 교회 개척합니다."

하나님은 결국 남편을 도구로 나를 단련하셔서 하나님의 일을 하는 일꾼으로 세우셨다.

"나의 가는 길을 그가 아시나니 그가 나를 단련하신 후에는 내가 정금같이 되어 나오리라."(욥23:10)

3

부르심을 위한
서곡

집사님, 감방장 하소!

내 삶의 변곡점은 서대문 교도소에서 찾아온 듯싶다. 나는 평범한 샐러리맨을 남편으로 둔 세 아이의 엄마였다. 이런 평범한 가정주부에게 교도소는 어찌 보면 거리가 멀다 하겠다. 그런데 하나님께서는 나로 하여금 그 특별한 장소를 경험하게 하셨다.

1970년대 중반에는 어린이집이라든지 아이를 맡길 만한 곳이 변변치 않았다. 나는 간호사라는 전문직에 종사하고 있었음에도 할 수 없이 직장생활을 접고 집에서 당시 8살, 6살, 4살 아이를 키우는 데만 전념해야 했다. 대신 교회는 열심히 출석했다. '배운 게 도둑질'이라는 속담도 있듯이 담임목사님이 피곤해 하시면 약국에 가서 영양제를 사와 주사를 놓아 드리곤 했다. 그 사실을 교인들은 익히 알고 있었다.

어느 날 저녁, 문 두드리는 소리에 나가보았더니 평소 잘 알고 지내던 장 집사가 서 있었다. 신유의 은사가 있던 장 집사는 평소 병든 자들에게 기도를 곧잘 해주곤 했다.

"집사님, 웬 일이세요."

"정 집사님, 우리 좋은 일 한번 합시다."

"무슨 일인데요?"

"우리 동네에 아주 가난한 집 아이가 있는데, 돈이 없어서 병원에도 못 가고 죽어가고 있어요. 그 아버지가 영양제 주사 한 대만이라도 놓아주고 보내면 원이 없겠다는데, 갑자기 정 집사님 생각이 나서 이렇게 왔어요."

그 말을 들은 나는 별 생각 없이 장 집사를 따라 아이가 사는 집으로 갔다. 누워 있는 아이는 다섯 살 정도 되는 여아였다. 배는 맹꽁이배처럼 볼록 튀어나와 있고, 눈은 초점이 없으며 뼈만 앙상하게 남아 있었다. 의사는 아니지만 그동안 많은 환자를 봐온 경험으로 얼마 살지 못할 것 같았다. 그 아이 아버지에게 말했다

"영양제 주사를 맞아도 가망이 없습니다. 죄송하지만 장례 준비를 해야겠습니다."

그때 아이 아버지가 내 옷을 붙잡으면서 애원했다.

"아주머니, 죽는 사람 소원 한번 들어주십시오. 죽어도 좋으니

영양제 주사 딱 한번만 놓아 주십시오"

옆에서 아이 아버지의 간절한 부탁을 듣고 있던 장 집사도 고개를 끄덕였다. 그리하여 그 아이에게 우선 5% 포도당을 주사했다. 그리고 나오면서 주사가 다 들어가거든 빼라고 일러주고 장 집사와 함께 임종을 위한 기도까지 해주고 집으로 돌아왔다. 가난해서 병원도 못 가보고 죽어가는 아이의 모습이 자꾸만 어른거려서 견딜 수가 없었다.

이튿날 장 집사가 또 찾아왔다.

"집사님, 어저께 아이가 주사를 맞고 나니 생기가 돌고 많이 좋아졌다고 합니다. 그 아버지가 한번만 더 놔주시면 좋겠다고 사정을 하는데, 집사님 한번만 더 놔주면 안 될까요?"

이것이 내게 문제를 불러일으키리라고는 전혀 예상조차 못 했다. 두 번째 주사를 놓아 주었다. 아이의 집을 나오면서 주사가 더 들어가지 않으면 이제는 살 수 없다는 신호니 주사를 빼고 장례 준비를 하라고 당부하고 돌아왔다.

그렇게 한 시간쯤 지났을까. 갑자기 밖에서 웅성거리는 소리가 들렸다. 우리 집 문을 두드리는 소리에 나가 보았더니 아이 아빠와 경찰관이 서 있었다.

"어떻게 오셨습니까?"

내가 물었더니 경찰관이 되레 물었다.

"아주머니가 이 아저씨 딸에게 주사 놓은 사람입니까?"

"네"

"경찰서에 좀 같이 가주셔야겠습니다."

아닌 밤중에 홍두깨란 말이 이런 경우인 것 같다. 밤중에 경찰서에 가서 조사를 받았다. 그 시간 남편은 아직 안 들어왔고, 아이들은 잠이 들어 있어서 내가 여기 온 것도 모르고 있었다. 날벼락도 이런 날벼락이 없었다. 내 옷을 붙잡고 죽는 사람 소원 한번 들어 달라고 애원하던 사람이 내가 자기 딸 주사 놓아서 죽였다고 경찰에 고소를 한 것이었다.

조사를 끝내고 나는 경찰서 유치장에 감금되었다. 그 안에는 폭행으로 들어온 사람, 도둑질한 사람, 횡령하고 온 사람, 세상의 모든 군상들이 모여 있었다. 마치 지옥이 이와 비슷하지 않을까 하는 생각이 들었다. 그 와중에 유치장 저 구석에 국제기드온 협회에서 출간한 파란색 표지의 성경이 보였다. 그걸 집어서 기도하는 심정으로 말씀 한 구절을 펼쳐 들었다.

"아무것도 염려하지 말고 다만 모든 일에 기도와 간구로 너희 구할 것을 감사함으로 하나님께 아뢰라 그리하면 모든 지각에 뛰어난 하나님의 평강이 그리스도 예수 안에서 너희 마음과 생각을 지키시리라"(빌립보서4:6-7)

말씀이 고스란히 내 심장에 들어와 꽂혔다.

이튿날 아침 남편은 사색이 되어 유치장으로 찾아왔다. 전후 사정을 경찰관에게 들은 남편은 나를 신고한 아이 아버지를 자기가 만나 보겠다고 했다. 다음 날 남편이 다시 찾아와 아이 아버지에 관한 얘기를 들려줬다. 자기가 죽을죄를 지었다고 하면서 아이가 죽자 갑자기 나쁜 생각이 들더란다.

"그 젊은 아주머니가 얼굴이 하얗고 뽀얀 걸 보니 있는 집 아주머니 같더라고요. 해서 경찰관을 데려가서 겁을 주면 장례비 정도는 뜯어낼 수 있지 않을까 하는 생각에 그만…."

그가 자기 죄를 뉘우치고 있다며 내일 경찰서에 가서 소를 취하해 주겠다고 했단다. 그런 와중에 국립과학수사연구소에서는 죽은 아이의 부검을 하고 돌아갔다고 한다.

삼 일째 되는 날 남편이 면회를 왔다. 풀이 죽은 남편 모습에서 무언가 불길한 예감이 들었다. 나는 어떻게 되었는지 물었다.

"여보, 소를 취하해 주겠다던 아이 아빠가 어제 죽었어."

풀이 죽어서 말하는 남편의 그 말에 나는 머릿속이 하얘졌다. 뒤에 들은 이야기로는 평소에 간경화를 앓고 있었는데, 극도의 스트레스를 받아서 그렇게 되었다고 한다. 졸지에 그 집은 아빠와 딸이 줄초상이 나고, 나는 어쩔 수 없이 서대문교도소에 수감되어서 재판을 받아야 했다. 수감이 되어서 재판을 받기까지는 두 달이 걸린다고 했다.

　교도소에 도착해 죄수복으로 갈아입고 간단한 인적사항을 작성한 뒤 감방에 들어왔다. 작은 방 안에는 열 명 가까운 여자들이 수용돼 있었다. 방에 들어서자마자 덩치 큰 여자가 다가오더니, 자기가 감방장이라고 하면서 신고를 하라고 했다. 신고가 무엇이냐고 물었더니, 무슨 죄를 짓고 들어왔는지 소상히 보고하라는 것이라고 설명했다. 나는 사실대로 이야기했다.

　그러자 그녀는 "애기엄마 신고는 재미가 없다"고 했다. 그 말에 내가 "무엇이 재미있는 것이냐?"고 물었다. 간통이나 살인이나 큰 죄를 짓고 들어온 사람들의 신고가 재미있다고 했다. 같은 하늘 아래 이런 세계가 있다는 게 그저 놀라울 뿐이었다.

　밤이 찾아왔다. 작은 방에서 열 명의 여자들이 잠을 자야 하니까 칼잠을 잘 수밖에 없었다. 나는 일명 '뻥끼통'이라고 부르는 감방 화장실에 들어가 내 허벅지를 꼬집어보았다. 내가 미쳤거나 꿈을 꾸고 있나 싶어서였다.

　어린 삼남매를 두고 온 어미의 마음이 왜 이리 편안한지, 걱정돼야 마땅한 네 살짜리 사내아이도 생각나지 않았다. 나중에 안 일이지만, 유치장에서 받은 하나님의 말씀이 나를 붙잡고 있었기 때문이었다.

　감방 사람들이 다 잠든 밤에 나는 제일 구석진 자리에서 하나님께 기도했다. 내 기도보다 이곳에 있는 사람들을 위해 기도했다. 그들이 어떤 죄를 짓고 왔는지 모르지만, 하나님의 긍휼을 베풀어 달라고 기도했다. 그다음에 두고 온 가족들을 위해 기도했다. 작은 소리로 기도를 시작했지만 그 소리가 점점 커져서 깊이 잠들지 못한 감방 식구들이 다 듣고 있었던 모양이었다. 아침 점호 시간에 교도관이 내 죄수번호를 불렀다.

"496번! J여고 몇 회세요?"

그녀가 들어오면서 나의 간단한 인적사항을 본 모양이었다.

"35회요."

"네, 저는 45회인데요. 선배님 조서를 보니 선한 일을 하다가 너무 억울하게 들어오신 것 같아요. 앞으로 무슨 일이 있으면 저한테 말씀하세요."

교도관이 죄수한테 '선배'라고 부르는 소리를 들은 감방 식구들은 모두 놀라서 눈을 동그랗게 떴다. 결국 큰 덩치의 감방장이 선심이라도 쓰듯 내게 말했다.

"오늘부터 집사님이 우리 방 감방장 하소."

그 안에서 나는 집사로 통했다. 여호와이레Jehovah-jireh 하나님이 학교 10년 후배 교도관을 감방에서 만나게 하셨다. 감방에 들어온 지 삼일 만에 나는 그 이름도 대단한 '감방장'이 되었다.

그곳에서는 모든 사람들이 자기는 억울하게 들어왔다고 말한다. 자기는 죄가 없다고 한다. 그러나 나의 기도가 계속될수록 한 사람 한 사람이 상담을 요청해 왔다. 자기는 이런 죄를 짓고 왔으니 자기를 위해 기도해 달라는 사람도 늘어났다. 나는 하나님께 지혜를 달라고 기도했다. 하나님께서 나에게 삼일 만에 감방장이 되게 하신 이유를 알게 되었다.

감방 안에서는 감방장이 대통령이다. 감방장의 말이 하나님 말씀이다. 감방장에게는 밥도 떠서 바치고 빨래도 해준다. 나는 감방 식구들에게 저녁 9시 이후에는 자유시간이니 그 시간에 예배를 드리자고 했다. 참석하고 안 하고는 개인의 선택이라고 말해주었으나 사람들이 찬성했다.

나는 남편에게 성경찬송 10권을 부탁했다. 남편은 감방 안에서 열부라고 소문이 났다. 하루도 빠짐없이 면회를 왔기 때문이다. 면회 올 때마다 감방 사람들이 먹을 간식도 한 보따리씩 사가지고 왔다. 그 안에는 한 번도 면회를 온 사람이 없는 사람도 있었다. 매일 오후 시간이 되면 내가 남편을 기다려야 하는데, 오히려 그들이 나보다 남편을 더 기다리는 우스꽝스런 모습이 연출되기도 했다.

집사인 내가 예배를 인도했다. 사람들 중 교회에 적을 두었던 사람들도 꽤 있었다. 찬송 부르고, 기도하고, 말씀 읽고, 간단하게 설교하고 그런 일을 계속하다 보니, 하나님이 나에게 역사하셨다. 성령께서 나에게 예언의 은사를 주셨다. 감방 안 권속들이 언제 나갈지를 하나님이 전날 미리 보여주셨다. 그 예언대로 이루어지니까 사람들은 감방장인 나를 하나님처럼 신뢰하고 의지했다.

그중에 단 한 명, 예배에 참여하지 않은 소매치기 전과 7범이 있었다. 놀라운 것은 다 같은 밥을 먹었는데 그 사람만 식중독이 걸려서 화장실을 들락거렸다는 것이다. 후에 그가 말하기를 하나님이 자기를 예배에 참여시키기 위해서 그랬던 것 같다고 고백했다. 그리하여 그도 3일 만에 예배에 참여해서 10명 전원이 함께 예배를 드렸다. 그때부터 하나님은 나를 주의 종으로 쓰시려고 준비하신 것 같다. 후에 들은 이야기지만, 내가 출석하는 교회 교인들은 내가 감방에서 예배를 인도했다는 말을 듣고 '사도 바울'이라는 황송한 별명까지 붙여 주었다.

어느 날 담임목사님이 면회를 오셨다.

"집사님, 세 가지만 말씀드릴게요. 꼭 명심하십시오."

그러고는 첫째는 임마누엘 하나님, 둘째는 여호와이레 하나님, 셋째는 에벤에셀의 하나님을 마음에 품고 기도하라는 조언을 해주셨다. 즉 나와 함께 하시는 하나님, 준비하시는 하나님, 여기까지 도우신 하나님을 기억하라는 권면이었는데, 목사님의 말씀대로 구치소에 있는 동안 이 세 가지가 다 이루어졌다.

재판날이 임박해 오고 있었다. 여호와이레 하나님은 또 다른 천사를 보내 주셨다. 면회를 왔다고 해서 나가보았더니, 임 변호사가 와 계셨다. 그 분은 우리 동네 신주 아버지인데, 신주어머니가 남편인 그에게 부탁을 한 모양이었다. "애란이(큰딸) 엄마 무료 변론을 안 해주면 이혼하겠다"고 으름장을 놓아서 왔다는 것이었다.

"국과수에서 나온 부검 결과 주사 부작용이 아닌 것으로 판명났어요. 복막염으로 인한 패혈증으로 사인이 밝혀졌으니 걱정안 하셔도 됩니다."

그간의 상황을 알려주며 임 변호사는 나를 안심시켰다. 다만 의사가 아닌 신분으로 의료 행위를 한 것은 문제가 되니 무조건 잘못했다고 하면 된다고 일러줬다. 당시 임 변호사는 국내에서 수임료를 제일 많이 받는 변호사 중 한 명으로 알려져 있었다. 하나님은 이 부족한 사람을 위해 곳곳에 천사를 숨겨 놓으셨다.

드디어 재판날이 되었다. 내 마음은 이상하리만큼 평안했다. 재판정에 가는데 하나님께서 말씀을 주셨다.

"너희를 넘겨줄 때에 어떻게 또는 무엇을 말할까 염려하지 말라 그때에 너희에게 할 말을 주시리니"(마10:19)

사실 나는 그때만 해도 이 말씀이 성경 어디에 있는지 몰랐다. 후에 성경을 찾아보고서야 알았다. 하나님은 순간순간마다 말씀으로 나를 붙잡고 계셨다.

법정에 들어서니 뒷자리에 남편이 앉아 있었다. 두 달 동안 하루도 빠짐없이 면회를 와준 남편에게 미안하기도 하고 고맙기도 했다. 결혼 초에 남편을 많이 미워했던 게 생각나고, 그동안 남편에게 잘 해주지 못한 것에 대한 후회의 마음도 들었다.

판사가 들어오니 모두들 일어섰다. 여러 사람의 판결이 끝나고 내 차례가 되었다. 판결문이 낭독되고 드디어 선고가 났다.

"주사 부작용이 아니고 복막염으로 인한 패혈증으로 사인이 밝혀졌지만, 피고가 의사가 아니면서 의사 처방 없이 의료 행위를 했기 때문에, 징역 6개월에 집행유예 2년을 선고한다."

판사는 선고를 마치면서 "피고는 할 말이 없는가?"라고 물었다. 많은 경우 법정에 선 피고는 "판사님, 잘못했습니다. 선처를 부탁드립니다"라고 한다는데, 나는 담대하게 손을 들었다.

"판사님, 할 말 있습니다."

"말해 보시오."

"지금 우리나라 서민들에게 병원 문턱은 너무 높다고 생각합니다. 가난한 사람들은 병원에도 못 가보고 죽는 경우가 많습니다. 지금 시행되고 있는 의료보험 제도는 일부 공무원이나 직장인들에게만 적용되고 있는데, 이것을 전 국민에게 혜택이 돌아가도록 하는 법안을 만드는 게 좋을 듯합니다.”

나는 죄수인 주제에 정치적인 발언을 한 것이었다. 그 말을 하고 돌아보니 남편의 얼굴이 백짓장처럼 하얗게 질려 있었다. 나는 내가 뭘 잘못했는지 알 수 없었다. 한참 침묵하고 있던 판사가 입을 열었다.

“피고는 재판 태도가 좋지 않소, 그러나 피고가 한 행위의 형량에는 변함이 없소.”

이 말을 남기고 판사가 퇴장하자 남편은 그제야 얼굴색이 돌아왔다. 남편은 “왜? 판사에게 그런 말을 해서 사람 심장을 오그라들게 하느냐”며 핀잔을 주었다.

드디어 출소하는 날이 되었다. 짐을 싸고 있는데 후배 교도관이 나를 불렀다.

“선배님, 교정과장님이 잠깐 보자고 하시네요.”

나는 내가 또 뭘 잘못했나 싶어 긴장이 되었다. 교정과에 들어가니 과장이 나를 반갑게 맞으며 말했다.

“496번은 어떻게 감방 안에서 예배를 인도했습니까? 저희들이 죄수들을 교정한다고 하지만, 이곳에 오면 더 지능적인 범죄자가 되어 다시 들어오는 사람들을 수없이 봅니다. 정말 장하십니다.”

담당 과장으로부터 잔뜩 치하를 들은 것이다. 참 별일도 다 있었다. 나는 그저 성령의 감동에 따라 했을 뿐이었다.

집에 돌아오니 눈물이 그렁그렁한 세 아이들이 어미 품에 와락 안겼다. 하나님께서 그동안 이 아이들을 머리터럭 하나 상하지 않게 보호하고 계셨다. 이웃과 교회에서도 난리가 났다. 그해 가을 교회에서 권사 선거가 있었는데, 나는 그 일로 인해 30대 중반에 최연소 권사가 되었다. 그때는 이 사건이 나를 주의 종으로 부르기 위한 하나님의 전초 작업인 줄 미처 몰랐다.

"하나님을 사랑하는 자 곧 그 뜻대로 부르심을 받은 자들에게는 모든 것이 합력하여 선을 이루느니라."(롬8:28)

15년은 거뜬히 할 거요

교도소 경험 이후, 나는 교회 공동체에서 최연소 권사가 되었다. 이런 나에게 연초만 되면 담임목사님은 제일 힘든 교구나 부서를 맡겨 주셨다. 예를 들면 연신내시장 구역은 아무도 맡지 않으려고 피하는 구역이었다. 그러다 보면 자연스럽게 나에게로 떠넘겨졌다. 부서도 마찬가지다. 제일 힘든 전도부장을 10년간 맡았다.

내가 맡은 시장 구역원들은 형편상 집에서 예배를 드리지 못하고 각자의 점포에서 돌아가면서 예배를 드렸다. 그런데 손님들 때문에 오래 시간을 낼 수도 없고, 구역원 간에 교제할 시간을 마련하기도 어려워서 구역예배를 드리기 부담스러워 하는 구역원들이 많았다. 그런 가운데서 생각해낸 방법이 30분 안에 예배를 끝내고 야쿠르트 하나로 교제를 하는 것이었다. 이렇게 하니 시장 구역원들도 구역예배에 부담을 갖지 않고 참여하게 되었고, 예배드리는 기쁨을 알게 되면서 참여 인원도 늘어나게 되었다.

연말이 되면 시장 구역은 두 구역 내지 세 구역으로 부흥이 되었다. 이후 담임목사님이 웃으시며 말씀하셨다.

"권사님, 목사가 정신 바짝 차려야겠어요. 시장 구역원들이 주일예배 설교보다 구역예배 설교에 더 은혜를 받는다고 하네요."

나는 전도부장으로 무척 바쁜 나날을 보내고 있었다. 한번은 총동원 전도 주일을 준비하고 있을 때였다. 전도 주일 행사에 오실 강사로는 우리나라에서 제일 오래된 S교회 담임목사 사모님인 H변호사였다. 그런데 행사 바로 전날 담임목사님으로부터 전화가 왔다.

"부장님, 강사님이 시아버님이 돌아가셔서 내일 집회에 못 오시겠다고 합니다. 부장님이 전화하셔서 사정을 좀 해보세요. 이

거 큰일 났습니다."

나는 당황스러웠다. 한 달 전부터 준비하고 기도했는데, 잔치 날 하루 전에 강사가 못 온다고 하면 어떻게 한단 말인가. 강사 초빙 건은 목사님이 직접 담당하셔야지 이 문제를 왜 나한테 맡기시는지 선뜻 이해가 되지 않았다. 그러나 닥친 일이니 어쩔 수가 없었다.

전날 철야기도를 마치고 아침 일찍 변호사 사무실에 전화를 걸었다. 변호사님은 댁에 계신다고 했다. 댁에 전화했더니 H변호사가 받았다.

"미안합니다. 시아버님이 돌아가셔서 조금 있다가 시댁으로 가려고 합니다."

나는 침착하게 말했다.

"변호사님, 잠깐만요. 시아버님도 목사님이신 줄로 압니다. 천국에 가신 목사님께서 며느리가 천국잔치 강사로 초빙이 되었는데, 그 일을 내려놓고 자기 시신 앞에 오는 것을 좋아하실까요? 예수님은 '죽은 자들은 저희 죽은 자들로 장사하게 하고 너는 나를 따르라'고 하셨는데요."

수화기 너머에서 한동안 침묵이 흘렀다. 그리고 H변호사는 결심한 듯 말했다.

"부장님, 가겠습니다."

나는 가슴을 쓸어내렸고 우리는 천국잔치를 잘 마칠 수 있었다.

그로부터 10여 년의 세월이 흘렀다. IMF로 남편이 하던 사업이 부도가 났다. 나는 오산리 최자실 금식기도원에서 3일 금식을 하고 본교회 새벽기도에 나갔다. 그때 담임목사님께서 나를 부르셨다.

"권사님, 기도 끝나시면 목양실에 좀 들렀다 가십시오."

목양실에 들어서니 담임목사님 책상 위에 두툼한 서류봉투가 놓여 있었다.

"권사님, 지금 시작해도 15년은 거뜬히 하실 거요."

"목사님, 무슨 말씀입니까?"

"권사님은 주의 종이라는 사명이 있습니다. 강 장로님께 기회 있을 때마다 말씀을 드리면 펄쩍 뛰어서 강행을 못했는데, 이제는 때가 된 것 같네요. 이 봉투 안에 권사님이 가실 신학교 원서와 등록금이 들어 있으니 결단하십시오."

담임목사님께 등 떠밀려서 나는 제 십일 시에 주님의 포도원 품꾼으로 들어갔다. 그리고 담임목사님의 예언보다 3년을 더해서 18년 동안 포도원 품꾼으로 일할 수 있었다.

길지 않은 목회 여정에 눈물 골짜기도 많았다. 굽이굽이마다 사납고 차가운 바람이 불어왔다. 나의 경우가 이럴진대 일찍 주님의 포도원 품꾼으로 들어온 신앙의 선배들은 얼마나 힘이 들었을까 생각하면 저절로 고개가 숙여진다.

하나님의 포도원 경영방법은 참 특이하다. 품삯은 나중 온 자부터 지급한다. 한 시간밖에 일하지 않았는데 아침 일찍 온 자와 똑같이 한 데나리온씩 지급해 주신다. 세상에 이런 품삯 지급방식을 채택하는 곳은 없다. 오직 하나님 안에서만 경험하고 누릴 수 있는 특권이고, 신비이다. 만삭되어 나지 못한 자 같은 나에게 이런 특권을 주신 하나님께 감사한다.

이혼보다 힘든 일

남편은 교회 공동체에서 실시하는 장로 선거에서 피택되지 않았다. 이 일로 인해 그는 무척 상심해 있었다. 신앙인이니 만큼 자신을 돌아보고 기도하면 좋으련만 모든 잘못을 타인에게 돌렸다. 당시 큰딸이 고3이었다. 난 수험생 딸에게 부담을 주지 않으려고 신경을 많이 썼지만 남편은 아랑곳하지 않았다. 수년간 끊었던 술도 먹고 들어왔다. 그리고 주일에 교회도 출석하지 않았다. 정확하신 하나님은 남편이 아직 그릇이 차지 않아서 안 되게 한 것인데, 남편은 그걸 모르는 것 같았다.

괴로운 나날을 지내는 동안 나는 결단을 했다. 25년간 출석하던 교회를 옮기기로 했다. 그러면 남편이 자극을 받아 달라질 줄 알았다. 아이들과 상의 끝에 동네 개척교회로 출석했다. 그 교회 담임목사님은 한꺼번에 성도가 네 사람이 들어오니, 무척 반가워하셨다. 아이들은 찬양대로 봉사하고, 나는 전도와 심방으로 목사님을 도왔다. 그때까지 남편은 우리가 옮긴 교회로 출석하지 않았다. 한동안 교회에 나가지 않더니 얼마 후에 자신은 다시 본교회로 출석하는 게 아닌가.

충성하던 정 권사가 다른 교회로 옮겼다는 소문이 나자, 이곳 저곳에서 빗발치듯이 전화가 걸려왔다. 목사님을 비롯해 장로님과 성도들이 번갈아 심방을 오시는데, 정말 힘이 들었다. 이 노릇을 어떻게 하면 좋단 말인가. 교회는 옮겼지만, 이 교회에 정착할 수가 없었다. 25년 동안 미운 정 고운 정이 든 성도들을 생각하면 편히 잠을 잘 수가 없었다. 그때 난 생각했다. '교회를 옮긴다는 것이 이혼하는 것보다 더 힘든 일이구나' 하고.

남편은 가족들이 본교회로 돌아올 기미가 보이지 않자, 가족들 앞에 사과했다. 자신이 잘못 생각했으니 다시 본교회로 돌아가자고. 그런데 어쩌랴. 이미 교회를 옮겼는데. 우리가 다시 본교회로 돌아간다면 개척교회 목사님이 마음 아파하실 걸 생각하니 도저히 발이 떨어지질 않았다. 한데 교회문제로 힘들어 하는 내 모습을 더는 보기 힘드셨는지 목사님이 먼저 입을 여셨다.

"권사님, 아무래도 본교회로 돌아 가셔야 하겠습니다. 우리 교회는 걱정하지 마십시오. 교회는 하나님이 세워 가십니다."

개척교회 목사가 된 지금도 그 일을 생각하면 얼굴이 화끈거린다. 그리고 흔쾌히 우리 가족을 보내주신 목사님께 감사드린다. 하나님의 계획하심이 있으셔서 뒤늦게 신학을 하고 교회를 개척하고 보니, 지난날 교회 옮기는 것을 이혼하는 것보다 어렵게 생각했던 내게 큰 충격으로 다가온 것이 있다. 그것은 성도들이 자기가 섬기는 교회에 대한 애착이 점점 약해져 가고 있다는 것이다.

요즘엔 교회 옮기는 것을 아주 쉽게 생각하는 경향이 있다. 우리 교회만 해도 3년만 되면 교회를 옮기는 성도가 있었다. 오죽하면 교회쇼핑족이란 단어까지 등장했을까. 세상 인심이 변한 것일까, 아니면 내가 옛날 사람이라서 그런 걸까. 솔직히 분별이 잘 되질 않는다.

고난의 풀무불 속에서

물가에 내놓은 아이처럼 남편은 항상 나를 조마조마하게 했다. 가까스로 서리집사가 되었지만 남편은 나와 의견 대립이 있거나 자기 상황이 불리하다 싶으면, 그때마다 교회에 안 가겠다고 했다. 교회 출석을 빌미로 자기의 생각을 관철시키려 한 것이다. 어디 남편뿐이랴. 한 사람을 주님 앞에 바로 세운다는 게 얼마나 힘든 일인지 그동안 수도 없이 경험했다.

요즘엔 어떤지 모르겠으나 서구인들은 13일의 금요일을 싫어한다고 한다. 주님이 13일 금요일에 십자가를 지셨다는 연유에서란다. 그날이 13일의 금요일이었다. 저녁기도회를 가야 하는데 남편이 자기는 안 가는 대신 교회 앞까지 차로 태워주겠다고 했다. 나를 교회 앞에 내려주고는 휑하니 가버렸다. '아이구, 하나님 앞에 바치는 한두 시간이 그렇게도 어려운가?'라고 속으로 궁시렁거렸지만, 믿음이 어디 내 힘만으로 되는 것이던가.

예배를 마치고 돌아오는 길이었다. 초등학교 전봇대 앞에 우리 차와 비슷한 봉고차가 앞이 왕창 찌그러지고 유리창이 깨진 채 서 있는 모습이 보였다. '저런, 차가 저 정도면 사람도 많이 다쳤을 텐데' 하고 속으로 걱정하면서 집으로 향했다. 그런데 집 앞에 도착하니 아래층 아주머니가 발을 동동 구르며 나를 기다리고 있었다.

"장우 아버지가 교통사고가 나서 D병원 응급실에 있대요. 보호자가 빨리 와야 한다고 경찰한테서 연락이 왔어요."

가슴이 철렁 내려앉았다. 조금 전 사고차량이 남편이 운전했던 차였던 것이다. 아마 죽지 않았으면 중상일 거라는 느낌이 왔다. 차가 그 정도로 망가졌으니 말이다. 한데 그 와중에도 무슨 연유에선지 나는 당시 고2, 중3, 중1이던 삼남매를 앉혀 놓고 차분하게 이야기했다.

"아빠가 교통사고가 나셨다. 차 상태를 보니 아마 돌아가시지 않았으면 중상이 틀림없으니 경거망동하지 말고 믿는 자의 자녀답게 기도하면서 기다려라."

택시를 타고 병원 응급실로 달려갔다. 오만 가지 생각을 하며 응급실 앞에서 초조하게 기다리고 있는데, 남편이 이마에 거즈와 반창고를 붙이고 걸어 나오고 있는 게 아닌가.

"당신 괜찮아요?"

"응 괜찮아. 그런데 의사 선생님이 교통사고는 금방은 모르니 하룻밤만 입원하라고 하네."

"당연히 그래야죠."

안도의 숨을 쉬며 놀란 가슴을 쓸어내렸다. 입원을 하고 30분쯤 지났을 때 남편이 화장실을 가고 싶다고 했다. 부축을 하고 화장실에 들어가는 것을 보고 병실로 왔다. 그런데 10분이 지나고 20분이 지나도 환자가 돌아오질 않았다. 불안한 마음에 화장실로 가서 남편을 불렀으나 대답이 없었다. 할 수 없이 나는 남편이 들어간 화장실 문을 활짝 열어 제쳤다. 그런데 이게 웬일인

가. 남편이 눈을 허옇게 뒤집어 까고 코를 골며 비스듬히 누워 있었다. 너무 놀란 나는 5층 계단을 타고 1층까지 단번에 뛰어 내려가 당직자들에게 소리를 질렀다.

"화장실에서 사람이 죽었어요."

직원들 몇 명이 5층 화장실로 뛰어들어갔다. 코를 고는 것은 혼수상태라고 했다. 갑자기 혈압이 60으로 내려갔기 때문이라고 했다. 복강에 출혈이 생겨 우선 응급 처치를 한 뒤 여러 가지 정밀 검사를 거쳤다. 대장천공이라는 진단 결과가 나왔다. 사고 충격으로 대장에 구멍이 뚫렸는데, 그곳으로 출혈이 일어나 혈압이 내려간 것이라 했다. 한밤중에 일어난 일이라 할 수 없이 수혈을 하다가 다음날 아침 개복을 해서 대장을 25cm 잘라내는 수술을 받았다. 다행히 수술은 잘 끝났다.

2주 만에 퇴원을 하고 교회에 출석했다. 광고시간에 남편은 교인들 앞에서 기도해 주셔서 감사하다고 인사를 했다. 공교롭게도 그날이 안수집사 선거일이었다. 남편은 안수집사에 피택이 되었다. 성경은 "내가 너를 연단하였으나 은처럼 하지 아니하고 너를 고난의 풀무에서 택하였노라"(사48:10)고 하셨다. 하나님은 그 사건으로 남편의 믿음을 한 단계 올려 주시려고 이런 연단을 주신 것 같다. 남편의 믿음생활에서 쉽게 되는 것은 없었다. 혹독한 훈련을 하고서야 한 단계 올려 세워 주셨다.

하나님은 교통사고 후 남편에게 히스기야처럼 15년의 생명을 연장해 주셨다. 그 기간은 주님을 위해 산 생애였다. 물론 장로 피택에서 한번 낙방하고 방황한 적은 있었지만, 이후에는 교회의 궂은일에는 항상 앞장섰다. 교인들이 입을 모아 "교회 대소사에 강 장로가 빠지는 일은 없다"고 말할 정도였다. 특히 장례식에는 한 번도 빠진 일이 없었다. 당회에서도 항상 피스메이커 역할을 했다. 당회 도중 언성이 높아지면 손을 꼭 잡고 진정할 것을 무언으로 부탁했다고 담임목사님은 남편의 장례식에서 말씀하셨다.

남편을 도구로 나를 단련하시고, 나를 주의 종으로 세우는데 일조를 한 이도 남편이다. 순금은 24번 도가니에 들어갔다 나와야 한다고 한다. 남편을 고난의 풀무에서 구원하신 하나님께 감사드린다.

남편의 기도 당번

"고난당한 것이 내게 유익이라 이로 인하여 내가 주의 율례를 배우게 되었나이다."(시119:71)

이 말씀처럼 장로 선거를 통해 호된 훈련을 받은 남편은 이후 여러 면에서 변화된 모습을 보여주었다. 먼저 말씀과 기도의 사람이 되어 갔다. 사업장에서 힘든 일을 하면서도 특별 새벽기도 기간에는 꼭 빠지지 않고 참여했다. 성경을 통독하기 시작했다. 또한 교인들의 경조사에도 빠지지 않고 참석했다. 남편이 청년부장을 맡았을 때는 강원도 철원에 군복무 중인 청년을 면회하기 위해 사업장 승합차를 몰고 청년부원들과 함께 군부대에 간 적도 있었다. 2년 후 장로 선거에서 그는 여러 명의 후보자 중에서 1위로 택함을 받았다.

지금도 기억 나는 것이 있다. 남편의 주일 대표기도 순번이 돌아오면, 우리 집은 비상사태에 돌입했다. 남편은 주일예배 기도 당번을 맡으면 한 주간 내내 거실에 성경책과 신학 서적을 잔뜩 쌓아놓고 기도문을 준비했다. 주말이 되어도 가족들은 TV 시청을 할 수 없었다. 마치 목사님이 주일 설교를 준비하듯 열심히 기도문을 작성했다. 그렇게 손 글씨로 준비한 기도문이 완성되면 둘째 딸에게 워드 작업을 지시하고 완성된 기도문을 반복해서 읽어나갔다.

지나친 기도 준비에 너무 진액을 뽑은 탓일까. 남편은 기도를 마치면 긴장이 풀리는지 가끔 강단에서 졸고 있었다. 다른 사람은 몰라도 우리 가족들은 그 모습을 보고 얼마나 마음을 졸였는지 모른다. 예배를 마치고 강단에서 내려오면 성도들이 "장로님,

오늘 기도에 은혜 받았습니다"라고 인사를 건넸다. 그러면 남편의 얼굴이 해처럼 환해졌다. 집에 와서도 아이들에게 "오늘 아빠 기도 어땠니?"라고 물었다. 그 모습을 보고 있자니 아들 하나 더 키우는 심정이었다. 그런데 지금 생각해보면 기도 준비에 그렇게 열심이었던 남편을 주님은 기뻐하시고 기특하게 보셨을 것 같다.

믿지 않는 남편 만나 장로의 반열에 세우는 데 25년이 걸렸다. 부모님 예수 믿게 하는 데 20년이 걸렸다. 딸 결혼시키는 데에는 23년이 걸렸다. 나의 경우에는 쉽게 되는 것이 없었다. 마치 황무지를 개간해서 씨를 뿌리는 것 같았다. 그 질곡의 세월을 건너오고 보니 어느새 내 나이 일흔이 넘었다. 그러나 하나님의 은혜로 그 세월이 헛되지 않았음에 감사하다.

남편은 66세에 소천했다. 그때 장례예배를 집례한 담임목사님이 하신 말씀이 잊히지 않는다.

"장로님은 당회에서 피스 메이커Peace maker였습니다. 당회 때 큰 소리가 오고 갈라치면 유머를 통해서 그 분위기를 환하게 바꿔놓으셨습니다. 어떤 때는 내 손을 꼭 잡고 나를 진정시키신 분입니다."

어느 날 큰딸이 내게 이렇게 말했다.

"아빠는 일편단심 민들레였어. 평생 엄마 한 사람밖에 모르셨잖아요."

남녀가 만나 한평생을 같이 한다는 것은 쉬운 일이 아니다. 부부란 서로의 부족한 부분을 보충해 주는 파트너란 걸 이만큼 살아보니 알겠다. 머지않아 천국에서 남편을 만날 것이다. 그 때에 할 이야기를 부지런히 준비해야겠다.

20년 만에 주 앞으로 돌아온 부모님

아들을 바라는 간절한 염원을 담아 할아버지께서는 손녀딸인 내 이름을 증자增子, 즉 아들을 더해 주시라는 바람으로 지으셨다. 하지만 며느리인 나의 어머니는 할아버지의 바람과는 무관하게 내리 딸만 셋을 낳으셨다. 할아버지는 결국 손자를 보지 못하시고 세상을 뜨셨다.

그런데 이게 웬일인가. 어머니는 네 번째로 온가족이 그토록 바라던 아들을 낳으셨다. 아버지는 유명하다는 작명소에 적잖은 작명료를 지불하고 아들의 이름을 지어 왔다. 나라에 꼭 필요한 사람이 되라는 뜻을 담아 방호邦鎬라고 했다.

아들의 출현으로 우리 딸들은 찬밥 신세가 되었다. 식사 때도 아들은 할머니, 아버지와 함께 상에서 쌀밥을 먹고, 우리 딸들은 보리가 많이 섞인 밥을 따로 차린 밥상에서 먹었다. 그에 더하여 아들은 명석해서 학교에서도 항상 상위권에 들었다. 부산에서 명문으로 꼽히는 K고등학교에도 너끈히 합격하였다.

하여 어머니에게는 그 아들이 우상이 되었다. 남편에게 사랑받지 못했던 지난날을 아들에게서 보상받으려 하셨다. 딸들은 고등학교밖에 보내지 못했지만, 아들은 어려운 살림에도 서울 유명 대학에 유학시켰다. 대학을 졸업한 아들은 한국의 영재들이 모인다는 한국과학기술원에 취직, 기획실에서 능력을 인정받으며 근무했다.

한때 '개천에서 용 난다'는 유행어도 있었다시피, 아들은 말 그대로 가문의 영광이었다. 재벌가들이 가난하지만 머리 좋은 사위를 맞이하려 한 것처럼, 중고등학교 재단이사장 딸에게 장가들어 남매를 낳았다. 하지만 어머니는 그토록 사랑하는 아들과 한 집에서 살 수 없었다. 며느리가 같이 살기를 싫어했기 때문이다. 그것이 어머니의 한계였을까.

잘나가던 아들의 인생에 먹구름이 끼기 시작했다. 경쟁 사회에서 많은 스트레스를 받아서인지, 어느 날부터 시름시름 앓게 되었다. 이 병원 저 병원을 전전했지만 특별한 병명도 나오지 않고, 별 차도가 없었다. 어머니의 한숨은 깊어만 갔다. 어머니는 눈만 뜨면 아들 문제로 딸들에게 하소연을 하셨다. 나는 이번 기회야말로 어머니가 하나님께 돌아올 기회라 믿었다. 난 그때 통합측 장로교회 시무권사였다.

"엄마! 엄마가 예수 믿고 하나님께 기도하면, 하나님이 방호를 살려주실 거예요."

"방호만 살려준다면 나는 예수보다 더한 것도 믿을 수 있다."

하나님의 때가 된 것 같았다. 어머니는 '대순진리회'라는 종교의 열렬한 신봉자셨다. 기회가 있을 때마다 복음을 전했지만, 어머니는 요지부동이셨다. 심지어 어머니는 모녀 관계를 이렇게 정리해 주시기까지 했다.

"너는 출가외인이니 예수 믿고, 나는 내가 믿는 대순진리를 믿겠다."

이렇게 완강하셨던 분의 철옹성이 무너지는 순간이었다. 나는 이때를 놓칠세라 같은 교회에 병 고치는 은사가 있는 황 집사님을 모시고 친정으로 갔다. 집사님은 기도하더니 방호에게 군대귀신이 들었다고 했다. 그리고 예수를 믿겠다고 약속하면 기도를 해주겠지만, 병만 고치려고 하면 기도를 못 해주겠다고 했다. 그 말을 들은 어머니와 아버지는 황급하게 예수를 믿겠다고 약속했다. 그러나 정작 당사자인 남동생은 고개를 옆으로 저었다.

"저는 제사를 지내야 하는 사람입니다."

그러자 황 집사님이 큰 소리로 나무랐다.

"당신이 그런 생각을 가지고 어떻게 과학기술원에 근무를 하지? 사람이 죽으면 천국과 지옥 두 군데 중 한 곳으로 갈 뿐이요. 자기 죽은 날이라고 제사밥 받아 먹으러 오는 조상이 어디 있소? 그렇게 뭘 모르는 사람이 어떻게 첨단을 달리는 기관에서 근무를 하지?"

황 집사는 이제껏 자기가 잘났다고 믿고 살아온 동생의 자존심을 팍팍 긁어 놓았다. 그러나 성령께서 그 마음을 열어주셔서 동생도 예수를 믿겠다고 약속해 집사님의 안수기도를 받았다.

그날 밤 아버지는 꿈을 꾸셨다고 한다. 아들의 몸에 감겨 있던 동아줄이 툭 소리를 내며 끊어지는 꿈이었다고 한다. 그 후 아들은 깨끗이 치유받았다. 어머니는 딸과의 약속을 지키기 위해 천호동에 있는 K교회에 출석하셨다. 개종을 하신 후에도 열심히 특심이신 어머니는 그다음 날부터 새벽기도를 다니셨다. 그리고 아침엔 꼭 전화를 하셨다.

"얘, 오늘 목사님 말씀이 꼭 나한테 하는 말씀 같더라. 왜 진작 예수를 안 믿었는지 후회가 된다."

딸의 전도를 받고 교회에 가고 싶었지만, 젊은 날 아내에게 지은 죄(?) 때문에 실권이 없는 아버지는 아내가 하자는 대로 하는 힘없는 노인이 되었다. 아들로 인해 두 분이 교회에 다니시게 됐는데, 어느 날 내가 친정에 가니까 아버지는 자랑스럽게 당신의 세례증서를 보이셨다. 나는 두 분의 구원을 위해 20년을 기도했다.

진정한 효도란 무엇일까. 다양한 답이 있겠지만, 그중 으뜸은 부모님을 천국으로 인도하는 것이 아닐까. 기도는 내가 원하는 때가 아닌, 하나님의 때에 응답하신다. 우리가 할 수 있는 것은 인내하며 하나님의 때를 기다리는 것뿐이다.

4

목회 이야기

베드로의 신앙 고백

신학대학원 졸업반이 되었다. 동기들 중에는 사역지 문제로 고민하는 사람들이 많았다. 어느 대형 교회에서 부교역자 몇 사람을 뽑는데 지원서가 자그마치 일천오백 장이 들어왔다는 소식을 전해 들었다. 다행히도 나는 살고 있는 동네인 화정에서 삼백여 명의 성도가 출석하는 교회에 2002년 1월부터 전임전도사로 시무하기로 약속이 되어 있었다.

2001년 가을 우리는 살고 있던 아파트를 팔고 좀 더 작은 곳으로 옮기기로 하고 부동산 사무실에서 이사 올 분과 계약을 체결했다. 그런데 문제가 발생했다. 부동산 사장님이 이사 날짜를 한 달 앞당겨 작성하는 바람에 우리는 급히 집을 구해야 했다. 하나님께서 내 눈을 가려서 이사 날짜를 못 보게 하셨다는 생각이 들었다. 계약 파기를 하면 계약금의 배를 물어야하기 때문에, 부동산 사장님은 우리가 집을 구할 때까지 자기가 책임지고 운전사 노릇을 하겠다고 했다.

시무할 교회와 가까운 화정이었으면 좋겠는데, 우리가 가지고 있는 돈으로는 그곳에 집을 구할 수가 없었다. 삼사일을 돌다가 파주시 봉일천이라는 곳에 있는 아파트로 이사하기로 결정했다. 파주 봉일천은 아무 연고가 없는 곳이었다. 오산리금식기도원을 갈 때 지나쳐 본 것이 전부였다.

그런데 봉일천으로 이사를 하게 하신 하나님은 그곳에서 개척을 하라는 응답을 주셨다. 처음에는 기도 응답을 잘못 받은 줄 알았다. 나는 사십일 아침금식을 네 번 하고 하나님께 묻고 또 물었다. 그런데 응답은 한 가지였다. 결단의 순간이 왔다. 남편, 딸 아들 네 식구를 모아놓고 가족회의를 했다. 작은딸은 결혼을 해서 다른 곳에 살고 있었다.

"하나님이 이곳에 교회 개척을 하라고 하시는데, 가족 여러분의 생각은 어떠십니까?"

남편이 큰 소리로 말했다.

"난 반대요, 당신이 젊기를 합니까. 이름 있는 신학대를 나왔습니까. 그렇다고 남자의 몸도 아니고, 대단한 능력을 지닌 젊은 목사들도 얼마 못가 문 닫는 교회가 수두룩한데… 난 절대 반대요."

군대를 갓 제대한 아들은 아무 말이 없었다. 옆에서 가만히 듣고 있던 큰딸이 입을 열었다.

"엄마, 순종하세요. 하나님이 엄마를 쓰시려고 그동안 고되게 훈련시키신 거잖아요. 하나님이 먹이시면 먹고, 하나님이 굶기시면 굶으면 될 것 아니에요?"

순간 내 마음속에서 쿵하는 소리가 들렸다. 그리고 딸의 그 말을 들었을 때, 이 성경 말씀이 떠올랐다.

"너희들은 나를 누구라고 하느냐?"고 주님이 물으실 때 시몬 베드로는 "주는 그리스도시요 살아계신 하나님의 아들이시니이다"라고 고백했다. 이 말씀을 들은 주님은 "바요나 시몬아 네가 복이 있도다 이를 네게 알게 한 이는 혈육이 아니요 하늘에 계신 내 아버지니라"고 말씀하셨다.

그 말씀이 이 상황에서 떠오른 이유는 무엇일까? 곧 그 이유를 알 수 있었다. 하나님께서 딸의 입술을 통해 말씀하신 거라는 확신이 들었다. 나는 등을 곧게 세우고 그 자리에서 다시 한 번 가족들 앞에서 선포를 했다.

"누가 뭐래도 교회 개척합니다."

하나님의 일은 이성과 논리와 인간의 능력으로 되는 것이 아닌,

성령의 인도하심으로 되는 것을 알기에 담대하게 선언한 것이다.

새해부터 시무하기로 한 교회의 담임목사님께 개척하기로 했으니 다른 사역자를 구하시는 게 좋겠다고 말씀드렸다. 그러자 담임목사님께서 나를 한참 응시하더니 한마디하셨다.

"전도사님, 참 용감하십니다."

처음에는 그 말의 뜻이 무엇인지 몰랐다. 목회를 시작하고 나서야 점차 그 뜻을 실감하게 되었다.

그러나 하나님은 한 번도 당신의 종을 굶기거나 헐벗게 하지 않으셨다. 베드로처럼 신앙 고백을 한 딸은 그 후 좋은 직장에 사표를 내고 신학대학원을 나와 지금 목사가 되었다. 그때 내가 시무하기로 한 교회는 2년 후 담임목사님이 소천하신 후 다른 교단으로 넘어가고 말았다.

살다보면 내가 세워놓은 계획에 차질이 올 때가 있다. 그러나 이때는 낙심할 때가 아니다. 하나님의 뜻을 묻고 궤도를 수정할 때다. 그것이 또 다른 자신의 변곡점이 될 것이다.

여리고성 돌기

가족회의 자리에서 교회 개척만은 안 된다고 강력하게 반대하던 남편의 말을 뒤로하고, '누가 뭐래도 개척하겠다'고 선포한 나는 의지를 굽히지 않았다. 막상 큰소리는 쳤지만, 개척 멤버나 개척 자금이 전무한 상태였다. 어차피 '맨땅에 헤딩'할 바엔 아파트에서 가족목회를 2~3년 정도 하겠다고 작정하고, 2002년 1월에 내가 살고 있던 아파트에서 설립예배를 드렸다.

작은 아파트에 모인 지인들의 수가 40여 명이 되었다. 예배를 마치고 헌금을 계수하는 중에 100만 원이 들어 있는 봉투 하나와 900만 원이 든 봉투가 같은 이름으로 나왔다. 교회 건물을 마련해서 거창하게 설립예배를 드리는 것도 아니어서 헌금에는 전혀 개의치 않았는데, 뜻밖의 큰 금액이 들어와서 놀랐다.

그 헌금을 한 분은 손 집사였다. 손 집사님은 평신도 때 같은 교회에서 찬양대로 봉사한 성도였다. 나는 한가한 시간을 택해 그에게 전화를 걸어 헌금에 관한 연유를 물었다. 손 집사는 자초지종을 차분하게 이야기했다. 새벽기도에서 하나님께 정중자 전도사가 교회를 개척한다는데 헌금을 얼마나 해야 하냐고 물었더니 1,000만 원을 하라고 하셨다는 것이다.

"하나님, 너무 많습니다. 제가 그런 돈이 어디 있습니까?"

"아파트 딱지 판 것 있지 않느냐?"

순간 자신도 깜짝 놀라 생각해보니 얼마 전 아파트 딱지 판 것이 생각났다고 했다. 순간 소름이 돋으며 두려운 생각마저 들더란다.

"예, 하나님! 그렇게 하겠습니다."

하나님께 약속해 놓고 현실을 보니 아내 김 집사 생각이 나더라고 했다. 헌금 때문에 가정불화가 일어나서는 안 되겠기에 그는 아내에게 이 이야기를 했다고 한다.

"여보, 응답 잘못 받았는지도 모르니 우선 백만 원만 하고 더 기도해 보자."

아내 김 집사의 말대로 1천만 원 중에서 구백만 원을 차에 남겨두고 백만 원을 헌금했는데, 예배가 거의 끝나갈 무렵 아내가 자신을 쿡 찌르더란다.

"당신 응답이 맞으니 어서 차에 가서 구백만 원 가져와요."

이렇게 해서 헌금 봉투가 두 개가 되었다고 손 집사는 자세히 설명해 주었다.

이 헌금으로 인해 우리는 기도 제목을 수정하지 않을 수 없었다. 그 헌금은 분명 교회 건물을 얻는 데 사용하도록 하나님이 역사한 것이기에, 독립된 성전 건물을 주시되 우선은 50평 되는 건물을 주시라고 기도했다. 개척해 놓고 성도도 얼마 없는데 예배당이 너무 크면 썰렁할 것 같아서였다. 그런데 문제는 우리 동네에 교회를 할 만한 건물이 전무한 상태였다는 것이다. 주위는 논밭이고 그 가운데 덩그러니 아파트 4동과 건너편에는 오래된

전통 가옥들만 있었기 때문이다.

교회 건물을 위해 기도하기를 5개월쯤 되었을 때였다. 새벽기도 중에 성령께서 버스 정거장 앞에 새로 짓는 건물이 있는데, 거기에 가보라고 하셨다. 그 옆 옥수수 밭에 두 남자가 서서 이야기하고 있는데, 키가 자그마한 사람이 건물 주인이라는 감동을 주셨다. 그 음성을 듣고 나는 비몽사몽간에 버스 정거장 앞으로 갔다. 정말 새벽에 옥수수 밭에서 두 남자가 이야기하는 모습이 보였다. 한참을 기다리고 있었더니 자그마한 남자분이 승용차 있는 쪽으로 걸어오고 있었다. 나는 기회를 놓칠세라 다가갔다.

"저, 죄송하지만 이 건물 건축주 되십니까?"

"네, 그런데요. 누구십니까?"

"이 건물을 어떻게 지으실 겁니까?"

"아래층에는 점포 두 개쯤 넣고, 이층에는 사무실 하나 넣을 겁니다."

"2층은 몇 평쯤 됩니까?"

"한 50평쯤 될 겁니다."

"그런데 그건 왜 물으십니까?"

"예, 제가 2층을 임대할까 해서요."

"무슨 일을 하시는데요."

이 대목에서 망설여졌다. 보통 건물주들은 교회에 세를 주면

이웃들이 시끄럽다고 해서 기피한다. 그런데 이른 새벽에 하나님의 지시를 받아서 왔고, 건물 평수가 기도한 대로 50평이라고 하지 않는가.

"예, 교회 세우려고요."

"목사님이세요?"

"예."

"목사님, 저도 교회 집사입니다. 지금은 이른 아침이니 오전에 통화하십시다."

우리는 서로의 전화번호를 건네고 헤어졌다. 그날 정오에 전화가 왔다.

"목사님, 죄송합니다. 제가 깜빡 했습니다. 예전에 제가 서울에서 건물 지하를 개척교회에 임대했는데, 교회가 어려워서 임대료를 못 냈습니다. 저도 임대료를 받아야 사는데 교회가 돈을 안 주니 어떻게 합니까. 저도 교인이라 교회더러 나가라고 하면 하나님을 내쫓는 것 같아 마음이 편치 않고 그래서 집사람과 약속했습니다. 다시는 교회에 세를 주지 말자고요. 그만 제가 그것을 잊고 있었네요. 죄송합니다."

"아, 그렇습니까? 그럼 우리 모두 믿는 사람들이니 한 주간만 더 기도해 보십시다. 저는 분명히 그날 새벽에 하나님의 음성을 듣고 그곳에서 집사님을 만났습니다. 기도해 보고 아니라고 하면 저도 포기하겠습니다."

그렇게 말해놓고 나니 여호수아 6장의 여리고성이 무너지는 장면이 떠올랐다. 밑져봤자 본전 아닌가. 하나님의 말씀대로 한 번 해보기로 했다. 딸과 함께 새벽기도가 끝나면 건물 주위를 돌기로 했다. 하루에 한 바퀴씩 돌고, 일곱째 날은 일곱 바퀴 돌고 소리를 지르기로 했다. 지나가는 사람들이 보면 두 여자가 정신 나간 것으로 생각했을 것이다. 하루 이틀 사흘….

드디어 일곱째 날이 되었다. 말씀에 일곱째 날은 일곱 바퀴를 돌고 소리를 지르라고 했으니 우리는 일곱 바퀴를 돌고 기둥이 될 H빔을 붙잡고 소리를 지르며 통성으로 기도했다.

"하나님! 이 건물이 우리 교회 예배당이 될 것을 믿습니다."

집으로 돌아오는 길에 딸이 말했다.

"엄마, 이제 내려놓고 하나님께 맡기세요. 이 건물이 안 되면 하나님이 더 좋은 것을 주실 거예요."

"그래, 그렇게 하자."

그렇게 마음을 비우고 그날 편안한 마음으로 신학대학원 3학년 마지막 학기 리포트를 작성하고 있는데, 12시쯤 건물주에게서 전화가 왔다.

"목사님, 기뻐하십시오. 저희 아내가 목사님을 잘 보신 것 같습니다. 허락입니다."

부인이 허락했다는 것이었다. 그분의 마음을 감동 시키신 분은 성령님이셨다.

하나님은 어제나 오늘이나 영원토록 동일하신 분이시다. 여호수아 때 역사하신 하나님은 오늘도 역사하신다. 다만 우리의 믿음이 문제다. 하나님은 당신의 교회를 세우시려고 손 집사가 아파트 딱지 판 것을 상기시키셔서 하나님의 교회를 세우는 데 일조하게 하셨다. 우리의 심장과 폐부를 감찰하시는 하나님 앞에 무엇을 숨기겠는가.

호미와 포크레인

박 목사님이 장곡리에 전원교회를 지어놓고 헌당식 예배에 참석하라고 연락이 왔다. 공기도 좋고 땅도 넓어서 아주 좋았다. 남편 되시는 공 장로님이 인사동에서 화랑을 하시는데 재정도 뒷받침이 되고 예술적 감각이 있어선지 교회를 운치 있게 지었다. 교단의 어른들이 참석하여 예배를 집례하고, 대접도 잘 받고 왔다. 집에 돌아오는 길에 괜히 심술이 났다. 나는 강단에 올라가서 하나님께 따졌다.

"하나님! 나는 언제까지 월세를 내는 이 교회에서 시무를 해야 합니까? 누구는 호미로 땅을 파고 누구는 포크레인으로 땅을 팝니까? 이거 너무 불공평하지 않습니까?"

한참을 내 설움에 겨워 울며불며 기도하는데, 하나님의 작은 음성이 들렸다.

"사랑하는 딸아, 박 목사는 심어 놓은 것이 많단다. 조상들도 심고, 본인도 심은 것이 많단다. 심은 대로 거두게 하는 것이 내 방법이다."

주님의 음성을 듣고 가만히 생각해보니 그런 투정을 부린 나 자신이 한없이 부끄럽게 느껴졌다. 하나님의 말씀이 구구절절 옳았다. 나는 아무도 믿지 않는 가정에서 이제 막 복음의 터를 일구는 첫 열매로서 복음의 씨를 뿌리는 중이었다. 이렇게 하나님께 쓰임 받는 것만으로도 감사한 일이었다.

반면에 박 목사는 조상 때부터 예수를 믿었던 가정이고, 친척 권속들이 거의 주의 종으로 헌신하고 있었다. 그리고 박 목사님 교회에서는 매달 몇 백만 원 이상의 선교비를 흘려보냈다. 특히 해외 선교를 많이 했다. 인간 세상이나 하늘나라에도 거저가 없었다. 심지 않고 거두는 법은 없었다.

"하나님, 죄송합니다. 이 철 없는 종을 용서하소서. 이제부터 부지런히 심겠습니다. 거두는 것은 내 몫이 아님을 압니다. 내가 심은 것만큼 내 후손들이 거둘 줄 믿습니다."

3천만 원짜리 쥬스

《그해 겨울은 따뜻했네》라는 소설 제목이 있지만, 지나온 2008년 겨울은 유난히 추웠다. 내가 섬기는 교회에 전용식당이 없어서 베란다에 조립식으로 간이식당을 꾸몄는데, 겨울만 되면 사고가 났다. 두꺼운 외투에 목도리를 칭칭 감은 채 눈만 내놓고 걸어도 새벽길은 온몸에 한기가 스몄다.

새벽기도를 위해 교회에 나와서 본당 문을 열기도 전에 식당 문부터 열고 수도를 확인해 봤다. 아니나 다를까. 염려했던 대로 수도관이 얼어 있었다. 화장실도 얼어 있기는 마찬가지였다, 내일이 주일이어서 밥을 해야 하는데 이 일을 어쩐담. 해빙기를 동원하면 10만 원 내지 15만 원이 지출될 게 뻔했다. 이 소식을 접한 우 집사가 일찌감치 왔다. 그는 당시 우리 교회의 남자 집사였다. 우 집사가 뜨거운 물을 붓고 왔다 갔다 하더니 슬그머니 없어졌다. 어디로 간 것일까?

잠시 후에 나타난 우 집사의 손엔 해빙기가 들려 있었다.

"목사님, 해빙기 빌리는 데는 그렇게 비싸지 않아요. 제가 해빙기를 가지고 녹여 볼게요"

나는 교회의 궂은일, 힘든 일에 앞장서는 우 집사가 눈물겹도록 고마웠다. 해빙기 코드를 콘센트에 꽂고 기구를 식당 바닥 하수관에 꽂았다. 얼음이 서서히 녹고 있었다. 그런데 갑자기 '펑' 하는 소리가 나더니 아래층으로 물이 쏟아지는 소리가 들렸다. '이 일을 어쩌나' 하고 가슴이 철렁 내려앉았다.

그 순간 교회로 이어진 이층 계단을 쿵쾅거리며 뛰어오르는 발소리가 들렸다. 식당 문이 벌컥 열리면서 아래층 공구상 사장이 "어떤 놈이 물을 쏟았느냐. 가만두지 않겠다"며 버럭 소리를 질렀다. 그는 펄쩍펄쩍 뛰면서 난리를 쳤다. 얼어 있는 수도관을 녹이려다 위아래층 사이에 큰 싸움이 날 뻔한 것이다.

사고의 발단인즉, 식당 하수관이 아래층 공구상 천정으로 연결되어 있었고, 파이프가 철이 아닌 PVC라 해빙기에서 열이 가해지자 팽창해 터져버린 것이었다. 그 바람에 파이프 안에 고여 있던 물이 천장을 통해 진열해 놓은 공구 위에 다 쏟아져 내린 것이었다. '혹 떼려다 혹을 붙인 꼴'이 되고 말았던 것이다. 흥분한 공구상 사장이 소리쳤다.

"목사님! 교회에서 물을 쏟아 우리 점포 공구를 다 망가뜨렸으니 3천만 원을 배상하시오."

그도 그럴 것이 공구는 다 철로 되어 있다. 철에 물이 묻으면 녹이 슬고 못 쓰게 된다. 나는 할 말이 없었다. 가난한 개척교회 살림에 배상해줄 돈 3천만 원이 어디 있단 말인가. 3천만 원은커녕 당장 3백만 원을 구할 방법도 없었다. 우리가 할 수 있는 일은 기도 밖에 없었다. 그날 밤 아무도 없는 교회에서 딸과 함께 강단 아래에 돗자리를 깔고 엎드렸다.

"하나님, 어쩌면 이렇게도 돕는 사람 하나 없습니까? 나는 아버지가 도우시지 않으면 방법이 없습니다. 도와주세요. 교회 개척한 지도 얼마 되지 않고, 교인도 몇 명 되지 않으며, 재정도 없는데 아버지 어떻게 하면 좋습니까?"

우리 모녀는 목놓아 통곡했다. 무심한 비는 밤새 창수같이 쏟아져서 우리를 더욱 우울하게 했다. 철야기도에 이어 새벽기도를 마친 뒤엔 모든 것을 주님께 맡겼다. 그리고 출근 시간에 맞춰 주스 한 박스를 사들고 아래층 철물점 사장을 만나러 갔다,

"사장님, 죄송합니다. 본의는 아니지만 저희 교회에서 물을 쏟아서 사장님 공구를 다 망가뜨린 거 잘 압니다. 그래도 사장님 3천만 원은 너무 과하니 조금만 타협을 합시다. 교회는 돈이 없습니다."

그 말을 하는데 사장이 나를 똑바로 쳐다보았다. '이 사람이 무슨 말을 하려고 그러는가' 싶어 나는 잔뜩 긴장했다.

"목사님, 돈 없다면서요."

"예, 돈이 없어요."

"됐습니다."

의아해하며 가만히 듣고 있던 내게 철물점 사장은 덧붙여 설

명을 해줬다. 갑자기 천장에서 물이 쏟아져서 공구 위에 떨어지는 것을 보고 흥분해서 뛰어올라갔는데, 진정하고 찬찬히 살펴보니 비닐에 쌓여 있지 않은 못은 물을 맞았지만, 다른 것은 비닐에 쌓여 있어서 큰 피해는 아니더란다. 손실이 그다지 크진 않았다는 것이다.

"괜찮습니다. 물 묻은 못은 닦아서 조금 싸게 팔면 되니 크게 마음 쓰지 마세요."

오, 할렐루야! 간밤 내내 맘 졸이며 드린 우리 모녀의 기도에 응답해 주신 하나님께 찬미가 절로 흘러나왔다. 하나님은 우리의 피난처셨다. 밤새 모녀의 통곡소리를 들으시고 그 사장의 마음을 성령께서 움직여 놓으신 것이다. 멋지신 하나님. 그러니 어찌 기도하지 않을 수 있으리요. 가지고 간 주스 한 박스는 졸지에 시가 3천만 원짜리가 되었다.

별난 결혼 조건

'삼천만 원짜리 주스' 사건 이후 하나님은 우리 교회 공동체를 둘러싸고 또 다른 계획을 가지고 계셨다. 아래층으로 물이 쏟아진 일로 큰 곤란을 겪었던 우 집사는 교회 설립 초창기에 등록한 성도였다. 가난한 형편이지만 학구열이 높았던 우 집사는 방통대 국문과를 나와 종종 시를 쓰면서 시인 등단을 준비하고 있었다. 생활 때문에 유통업체에서 일하고 있었지만 성실하고 차분한 성격에 믿음이 있는 성도였다. 이런 그가 주일 예배가 끝나고 나면 종종 목사 앞에 와서 자기 생각을 꺼내놓곤 하였다.

"목사님, 말씀에 은혜를 받았습니다. 한 주간 어떤 문제로 고민했는데, 오늘 설교를 통해 해결받았습니다. 감사합니다."

목회자에게 제일 위로가 되는 말은 말씀에 은혜를 받았다는 소리가 아니던가. 나 역시 주간에 아무리 힘든 일이 있었을지라도 주일 설교에 성도들이 은혜받는 모습을 보면 모든 피곤이 한꺼번에 눈 녹듯이 녹아내린다.

대심방 기간에 그의 집을 심방했다. 디모데전서 3장 1~5의 말씀을 전하면서 나는 우 집사에게 이렇게 권면했다.

"집사님, 안수집사까지는 총각이라도 어렵사리 통과가 되었지만, 장로는 가정을 가져야 합니다. 오늘 말씀에 '장로는 자기 집을 잘 다스려 자녀들로 모든 공손함으로 복종하게 하는 자라야 할지니'라고 했으니 가정을 꾸리게 해달라고 기도하십시오."

우 집사가 "아멘" 하고 말씀을 받아들였다.

그리고 나서 두어 달 후에 우 집사가 내게 다가와 말했다.

"목사님, 저 응답받았습니다."

"무슨 응답?"

"결혼 응답이요. 제 배필은 제사장이래요."

구약의 제사장은 요즘으로 말하면 주의 종, 즉 목사가 아닌가. 그 말을 듣고 나는 속으로 생각했다. '꿈도 야무지다. 그냥 예수 잘 믿는 여자 만나게 해달라고 하면 될 텐데, 무슨 제사장씩이나' 하고 말이다.

그리고 시간이 지나 봄이 기지개를 켜고 만물이 약동하는 3월이 왔다. 장곡리에서 아름다운 전원교회를 건축해서 목회하는 후배 박 목사에게서 전화가 왔다.

"목사님 교회에 노총각 있어요?"

"예, 있기는 한데 가진 것이 없어요. 사람은 진국입니다."

"목사님, 가진 것 없어도 돼요. 총각이면 됩니다."

"처녀는 뭐하는 사람인데요? 나이는 몇 살 이구요?"

"46살 된 목사예요. 지금은 필리핀에 선교사로 나가 있어요. 신학대학원에서 석사과정을 마쳤고, 영어도 아주 잘 해요. 게다가 예뻐요."

"목사요?"

참으로 놀라웠다. 목사가 집사보다 믿음이 없었다. 집사는 목사 말을 듣고 기도해서 자기 배필이 제사장이라는 응답을 받았는데, 목사는 그 응답을 믿지 않고 비웃었으니 말이다. 믿음 없는 내 자신이 부끄러웠다.

그리하여 중매자로 나선 두 여자 목사는 노총각, 노처녀의 결혼을 착착 진행해 갔다. 맞선 보는 날 나는 총각을 데리고, 박 목사는 처녀를 데리고 맞선 장소로 갔다. 근데 이게 웬일인가. 처녀가 다름 아닌 나와 학술원에서 같이 공부한 노처녀 이 목사였다. 별난 인연도 다 있었다.

이튿날 우 집사에게 물었다.

"처녀가 뭐라고 해요?"

"아무것도 필요없고, 선교 갈 수 있냐고만 묻던 걸요."

"그래서요."

"한 번도 생각해 보지 못한 일이라 며칠 생각할 기회를 달라고 했어요."

그때 내가 소리를 빽 질렀다.

"생각은 무슨 생각? 호박이 넝쿨째 굴러왔는데. 우 집사가 한국에 있으면 뾰죽한 수가 있어요? 빨리 가겠다고 이야기하세요."

"네, 그래야 될 것 같아요."

그렇게 맞선을 본지 한 달이 지난 그다음 주 토요일, 마침내 48세 노총각과 46세 노처녀는 결혼식을 올렸다. 결혼식 주례는 내가 하고, 박 목사가 기도를 했다. 박 목사 교회 마당에서 가마솥에 소머리국을 끓이고, 우리 교회에서 떡을 비롯한 음식을 준비

해서 숲속의 전원교회에서 멋진 결혼식을 올렸다. 결혼 비용도 얼마 들지 않았다. 턱시도 빌리고, 드레스 빌리고, 사진사 부른 것이 전부였다. 번갯불에 콩 구워 먹듯이 두 여자 목사가 합심해서 그 둘의 결혼식을 치러냈다.

지금 생각해 보니 하나님이 이런 일에 여자 목사가 필요해서 세우셨던 것 같다.

"양측 교회 담임이 남자 목사라면 아마 엄두도 못 냈을 걸요."

이들의 결혼예식을 지켜보면서 성도들이 한 말이었다. 결혼식을 마친 다음 주 토요일 총회 목사님 몇 분을 모셔다가 필리핀 선교사 파송예배를 드리고 두 사람은 필리핀 선교를 떠났다.

이 일로 우리 교회는 에콰도르와 필리핀 두 곳에 선교사를 파송한 교회가 되었다. 선교지에서 아내 이 목사가 남편을 가만히 보니 남편이 자기 선교의 조력자가 아니라, 주의 종이라는 사명이 있음을 알게 되었다. 그는 몇 년 후 한국에 와서 서울신학대 대학원에서 신학석사 과정을 마치고, 2020년에 목사 안수를 받았다. 그리고 부부가 정식 선교사가 되었다. 하나님이 하시는 일은 정말 절묘하시다.

우 집사는 내 목회의 열매다. 그 누구도 우 집사가 주의 종이 되리라고 생각한 사람은 없었다. 그러나 하나님은 약한 자를 들어 강한 자를 부끄럽게 하시는 분이시다. 미련한 자를 들어 지혜 있는 자를 부끄럽게 하시는 분이시다. 작은 개척교회에서 충성한 우 집사를 하나님은 그냥 두지 않으시고 주의 종의 반열에 세우셨다.

하나님은 하시고자 하면 못할 것이 없으시다. 혹여 상대에게 말도 안 되는 조건을 제의받은 적이 있는가. 말도 안 되는 것을 되게 하시는 하나님이시다.

아름다운 동행
- 우태화 · 이인숙 결혼 축사

말씀: 창세기 2:18

영국의 시인 T. S. 엘리엇은 '황무지'라는 시에서 다음과 같이 노래했습니다.

"4월은 잔인한 달, 죽은 땅에서 라일락을 캐어내고"

엘리엇은 4월을 잔인한 달이라고 했지만 2009년 4월 마지막 토요일은 잔인한 날이 아니라, '환희의 날'입니다. 늦깎이 신랑 신부가 새 출발을 하는 날인데 환희의 날이 아니고 무엇이겠습니까?

오늘 본문에는 "사람이 독처하는 것이 좋지 못하니 내가 그를 위하여 돕는 배필을 지으리라"고 했습니다. 사람은 모두가 상부상조하면서 살도록 되어 있습니다. 아무리 특별한 사람이라 할지라도 독불장군으로 산다는 건 거의 불가능한 일입니다. 서로 도와야 합니다. 부부간에는 더 말할 나위가 없고요.

하나님께서 아담을 위해 여자를 지으신 목적도 돕는 배필을 삼고자 하심이었습니다. 그러므로 부부는 서로가 상대의 부족한 점을 보완해 주면서 살아가는 부부가 가장 이상적인 부부라 하겠습니다. 서로의 결점이나 들춰내어 상처를 입히는 사람들은 부부학의 기본조차도 알지 못하는 것이며, 이들에게서는 원만한 관계 행복한 가정을 기대할 수가 없습니다.

이철환 씨가 쓴 《연탄길》이라는 책에 '아름다운 동반자'라는 제목의 글 중에 이런 대목이 있습니다.

"사회자의 인사말이 끝나고 신랑이 입장했다. 신부 입장을 알리는 피아노 소리가 들렸다. 술렁거리던 식장 안은 갑자기 조용해졌다. 사람들은 고개를 돌려 신부가 들어올 입구 쪽을 바라보았다. 잠시 후 고개 숙인 신부가 보였다. 다리가 불편한 신부는 아버지의 손을 잡고 한 걸음, 한걸음 조심스럽게 걸어 들어왔다. 중심을 잡으려고 안간힘을 썼지만 느리게 연주되는 피아노 반주에도 신부는 발을 맞추지 못했다. 쓰러질 듯 한쪽 발을 내딛고, 서둘러 다른 발을 내딛다가 신부는 그만 중심을 잃고 넘어지고 말았다. 안타까워하는 사람들의 목소리로 식장 안은 술렁이고 있었다. 신부를 일으켜 세우는 신부 아버지의 눈에는 눈물이 글썽 거렸다. 잠시 후 두 사람은 주례를 향해 뒤돌아섰다. 태환은 그 때 세상에서 가장 아름다운 모습을 보았다. 신랑이 자신의 한쪽 발을 신부의 웨딩드레스 밑으로 살며시 넣고는 신부의 짧은 왼쪽 발을 자신의 발등으로 떠받치고 있는 것이었다. 신랑은 중심을 잡으려고 신부보다 더 많이 흔들리고 있었다."

여러분! 감동적이지 않습니까?

세상엔 완벽한 사람은 없습니다. 특별히 부부는 상대방의 부족한 부분을 보완하며 채워주는 'helper'인 것입니다. 오늘 혼인예식을 가진 이 두 분의 만남은 아주 특별합니다. 저는 오늘 주례사의 제목을 '아름다운 동행'이라고 붙여 보았습니다. 저는 이분들의 만남에서 세 가지 하나님의 섭리를 발견하게 되었습니다,

첫 번째로, 오랜 기다림 끝에 만난 동행입니다.

불혹의 나이, 즉 사십도 중반을 넘은 나이에 처녀 총각으로 만났다는 것입니다. 적령기에 결혼한 사람의 경우 자식이 고등학생 정도 될 법한 나이에 하늘 아래 아직도 처녀 총각으로 있다가 만나게 되었으니 어찌 하나님의 섭리가 아니겠습니까? 여러분! 두 분을 위해 크게 박수 한번 보내 주시기 바랍니다. 신랑 신

부 뒤돌아서서 하객들에게 감사의 인사를 드리십시오. 결혼식은 기쁨이 있어야 합니다. 박수도 있고, 웃음도 있어야 결혼식입니다. 예수님이 제일 처음 이적을 베푼 곳도 가나의 혼인잔치였습니다. 두 분은 아직도 결혼을 못한 처녀 총각들에게 많은 가능성을 보여 주었다고 생각합니다. 겉사람, 즉 사람의 조건은 보지 마세요. 그의 속사람을 보세요. 그 안에 믿음이 있는가, 비전이 있는가, 진실이 있는가만 보세요. 두 분의 만남은 할 수 있다는 가능성을 열어 놓았다는 의미에서 하나님의 섭리인 줄 압니다.

두 번째로, '그럼에도 불구하고'의 신앙 고백적인 동행입니다.

저는 신랑도 잘 알고 신부도 잘 압니다. 신랑은 저희 교회 안수집사입니다. 신부는 저희 총회 최고 교육기관인 학술원에서 같이 공부한 클래스 메이트입니다. 솔직히 말씀드려 세상적인 잣대로 계산하면, 이 두 분은 만나기가 어려운 분들입니다. 이분들의 만남은 하나님의 절묘한 계획에서 나온 작품입니다. 제가 앞에서 '그럼에도 불구하고의 신앙 고백적인 동행'이라고 말씀드린 것은 이 두 분에게 하락하신 하나님의 기도 응답 때문입니다. 제가 처녀에게 물었습니다.

"총각은 가진 것이 아무것도 없습니다. 단, 가진 것이 있다면 그 속에 담겨 있는 복음입니다. 그리고 진실입니다. 잘 다듬으면 하나님이 귀히 쓰시는 그릇이 될 것입니다. 그래도 괜찮겠습니까?"

그랬더니 처녀가 말하더군요.

"목사님! 돈은 하나님이 주시면 있고, 하나님이 거둬 가시면 없는 것이더라고요."

사족을 달지 않은 그녀의 대답은 간단명료했습니다. 그 말을 듣는 순간, 제 가슴에 눈물이 흘러내렸습니다. '요즘에도 이렇게 아름다운 사람이 있다니. 우리 우 집사가 하나님의 복을 넘치게 받은 사람이구나'라고 생각했습니다.

여러분! 얼마나 조건을 따지는 시대입니까? 키는 몇이냐, 무슨 대학을 나왔느냐, 연봉은 얼마냐, 아파트 평수는 등등. 저는 처녀의 그 말을 듣는 순간 '야! 아직도 세상은 살 만하구나. 다 한 가지로 치우쳐 무익하게 되지는 않았다'는 생각이 들어서 기뻤습니다. 후에 들은 이야기로는 처녀가 기도한 대로 총각이 그런 사람이라는 것입니다. 총각에게 주신 기도 응답도 마찬가지였습니다. 담임목사가 배우자를 놓고 기도하라고 한 것을 마음에 품고 기도한 총각은 자신의 배우자가 제사장이란 응답을 받은 것입니다. '눈물로 씨를 뿌린 자에게 기쁨으로 단을 거두게 하신' 것입니다.

신랑은 저의 교회가 개척한 지 6개월 후에 등록하셔서 변함없이 자기 자리를 지킨 분입니다. 많은 사람들이 들고 나며 요동했지만, 흔들림 없이 자기 자리를 지킨 신실한 사람입니다. 7년을 하루같이 교회의 궂은일을 도맡아 섬긴 결과 하나님이 주신 보상인 줄 압니다. 또한 교회의 기도에 응답하신 것입니다. 저희 교회의 해외 선교지는 스리랑카였습니다. 그런데 스리랑카가 좀 시간이 걸릴 것 같으니까 필리핀부터 열어주신 것 같습니다. 그리고 이렇게 초고속으로 하나님이 일을 진행해 나가신 것입니다. 말씀을 믿고 붙드는 자가 응답을 받는 줄 믿습니다.

두 분은 앞으로도 무엇 때문에, 당신 때문에가 아니라, 가진 것이 없음에도 불구하고, 내놓을 것이 없음에도 불구하고, 고생스러움에도 불구하고, 그럼에도 불구하고의 신앙으로 나아가시기 바랍니다.

세 번째는, 하나님의 영광을 위한 동행입니다.

두 분의 만남은 이 땅의 많은 남녀의 만남과는 다릅니다. 이들의 동행은 주를 위해 헌신하기 위한 동행입니다. 많은 사람들은 자신의 안정과 쾌락을 원하지만, 이들은 이역만리 아직도 복음을 듣지 못한 이들에게 그리스도의 복음을 가지고 선교하러 떠나는 동행입니다. 낯설고 물 설은 이방 땅에서 선교하기란 쉽지 않습니다. 국내에서도 전도하라면 어렵다고 하는데, 문화와 언어가 다른 이국에서의 선교는 얼마나 어렵겠습니까? 예수님께서도 70인 전도대를 조직하고 전도하러 제자들을 보내실 때, 둘씩 짝을 지어서 보내셨습니다. 왜냐하면 하나가 넘어지면 하나가 일으켜야 하기 때문입니다. 성경에는 "한 사람이면 패하겠거니와 두 사람이면 능히 당하나니 삼겹 줄은 쉽게 끊어지지 아니하느니라"(전4:12)고 했습니다. 서로 돕는 삶은 공동체의 결속 위에서 더욱 꽃을 피웁니다. 힘은 분산되면 약해질 수밖에 없습니다. 가정의 힘도 마찬가지입니다. 부부가 하나로 결속되어 목표를 향해 함께 나아갈 때, 조화로움은 물론 충분한 능력도 더 강화가 됩니다. 모쪼록 두 분, 주님을 향한 아름다운 동행이 되시기를 주님의 이름으로 축원합니다.

만물을 주관하시고 섭리하시는 하나님 아버지!

오늘 이 시간 하나님의 사랑과 은혜로 우태화 씨와 이인숙 씨의 결혼예배를 드리게 하심을 감사드립니다. 이제 일평생 동안 서로 돕고 사랑하며 걸어갈 이 두 사람에게 주께서 복을 주셔서 하늘의 신령한 복과 땅의 기름진 것으로 채워 주옵소서.

오늘 하나님과 사람들 앞에서 결혼 서약을 하는 두 사람의 마음이 변치 않게 하시며, 이들이 하나님과 사람 앞에 칭송받는 귀한 가정을 가꾸어 가게 도와주옵소서. 삶의 굽이굽이에서 다가

오는 모든 문제들을 하나님이 주신 지혜로 잘 대처하게 하시고 영육간에 강건함을 더하여 주옵소서.

이 가정을 통하여 죽어가는 생명을 살리게 하시고, 주의 영광이 드러나게 하시며 풍성한 복이 흘러넘쳐 많은 사람을 유익하게 하는 귀한 가정이 되게 하여주옵소서. 예수님 이름으로 기도합니다. 아멘.

하나님의 저울

남편은 사업 부도로 심한 스트레스를 받더니, 결국 '파킨슨병'에 걸리고 말았다. 의사의 설명에 따르면, 이 질환은 뇌 속에 있는 신경전달물질인 도파민의 부족으로 생기는데, 갈수록 보폭이 좁아지고 표정이 굳어지며 말수가 적어지는 증상을 보인다고 했다. 남편은 점점 말수가 줄어들고 표정도 희미해져 갔다. 내가 한 걸음 걸을 때 남편은 다섯 걸음을 뗐다. 신학교를 졸업하고 교회를 개척한 지 꼭 1년만의 일이었다.

새벽기도에 나온 성도들이 다 돌아가고 난 뒤, 나는 강단 십자가 밑에서 하나님께 부르짖었다.

"하나님! 제가 언제 목사 된다고 했습니까? 그렇게 못하겠다고 했는데도 억지로 담임목사 통해서 신학교 가게 하시고, 남들이 기피하는 교회 개척까지 시켜 놓으셨습니다. 그 짐만으로도 충분히 버거운데, 설상가상으로 남편이 병을 얻었으니 목회를 어떻게 합니까? 병수발 해야지요, 심방 가야죠, 설교 준비 해야죠 난 못합니다. 하나님께서 책임지세요."

눈물 콧물이 뒤범벅이 되어 소리치고 있는데, 미세한 음성이 들려왔다.

"사랑하는 딸아, 네 남편 내가 책임질 테니 너는 내 일만 열심히 하거라."

깜짝 놀라 눈을 떠보니 아무도 없었다. 난 평소 영적인 은사에 예민하지 못한 편이었다. 주로 말씀 중심의 목회를 하기 때문에 이 현상을 어떻게 해석해야 할지 알지 못했다. 한참을 그 자리에서 음성을 되새김질해 보았다. 드디어 얻은 결론은 이러했다.

'아! 성령님이 말씀하셨구나. 그러면 하나님이 남편을 어떻게 책임지실 것인가?'

내가 생각하기에 하나님이 남편을 불러 가시기에는 아직 이른 것 같았다.

'파킨슨병 환자인 세계적인 권투선수 알리도 지금까지 살고 있지 않은가. 그러면 머리끝부터 발끝까지 깨끗이 치유하시는 것으로 책임을 지실 것인가?'

교회에서 집으로 오는 동안 내 머릿속은 많은 생각들로 복잡하기만 했다. 그날이 2003년 6월 20일이었다. 집에 도착해서 부지런히 아침식사를 준비했다. 그리고 남편을 불렀다.

"여보, 식사 하세요."

"여보, 나 못 일어나겠어."

남편의 대답에 나는 순간 화가 났다. 어제까지도 일상생활에는 그다지 어려움이 없었는데, 오늘은 왜 못 일어나겠다고 한단 말인가. 내 눈엔 괜히 꾀를 부리는 것처럼 보였다.

"어제까지 세수도 잘 하고 식사도 잘 했는데, 왜 오늘 못 일어나겠다고 해요."

그러면서 남편을 일으키려고 하는데 꿈쩍도 안 했다. 도저히 나 혼자 힘으로는 어떻게 할 수가 없었다. 불길한 생각에 119를 불렀다. 몇 분 있다가 남편은 병원으로 옮겨졌다.

2003년 7월 6일 주일 아침이었다. 개척한 지 1년밖에 되지 않았지만 우리 교회는 주일학교 학생이 20명이 넘었다. 두 딸들이 교회학교 교사 경험이 많아서 그런지 잘 가르치기 때문이라는 게 성도들의 평이었다. 주일학교를 막 끝내고 나오는데 목양실에서 전화벨 소리가 요란하게 울렸다. 병원 간병인의 다급한 목소리였다.

"사모님, 장로님이 지금 위독하십니다. 곧 임종하실 것 같습니다. 빨리 병원으로 오셔야겠습니다."

그리고 남편을 바꿔주었다. 수화기 너머로 희미하게 남편의 목소리가 들렸다.

"여보, 나 힘들어. 안될 것 같아 빨리 와."

둔기에 맞은 것처럼 머리가 멍해지고 심장이 뛰어서 정신을 차릴 수가 없었다. 주일예배 시간이 30분밖에 남지 않았는데 어떻게 해야 하나. 아무것도 모르는 성도들은 주일예배 드리러 교회로 오고 있을 텐데 이 노릇을 어떻게 하면 좋단 말인가. 나는 급히 아들딸들을 병원으로 보내놓고 강단에 올라갔다. 그때 불현듯 다윗이 어려운 일을 만났을 때마다 하나님께 묻는 장면이 떠올랐다.

"하나님, 이런 때 제가 어떻게 해야 합니까? 33년을 같이 산 남편의 임종을 지켜야 합니까? 아니면 예배를 인도해야 합니까?"

강단에서 통곡하며 기도했다. 그때 보름 전에 말씀하시던 성령께서 또 다시 말씀하셨다.

"딸아, 죽은 자들은 저희 죽은 자들로 장사하게 하고 너는 나를 따르라"(마8:22)

나도 모르게 그 음성에 눈물을 흘리며 '아멘' 했다. 그렇게 반응하고 나니 한결 초연해졌다. 이상하리만큼 불안이 사라지고 마음이 평온해졌다. 나는 냉정을 되찾고 예배를 인도했다. 주의 성령이 나를 강하게 붙잡고 계시는 것을 느낄 수가 있었다.

말씀을 마치고 광고 시간에 장로님이 위독하시니 기도해 달라는 말을 남기고 총알택시를 탔다. 병원에 도착하니 아직 하나님께서 남편의 생명을 붙잡고 계셨다. 나는 남편의 손을 꼬옥 붙잡고 작별인사를 했다.

"여보, 천국에서 만나요."

그러자 남편의 눈에서 눈물이 주르르 흘렀다. 이윽고 심장 박동기가 일직선을 긋더니 남편은 숨을 거두었다. 하나님은 "사랑하는 딸아! 네 남편은 내가 책임질 테니, 너는 내 일 열심히 해라" 하고 말씀하신 지 15일 만에 남편을 천국으로 불러 가시는 것으로 책임을 지셨다. 하나님은 당신의 자녀들에게 말씀하신 언약을 반드시 지키시는 분이셨다.

하나님은 우리의 행위와 믿음을 하나님의 저울에 달아보신다. 성경에는 1천 명의 손님들을 초청하여 예루살렘 성전에서 가져온 기물로 술을 마시고 그들의 우상을 찬양하면서 하나님을 조롱하던 벨사살 왕의 잔치 자리에 별안간 왕궁 벽에 손가락이 나타나서 벽에 이렇게 쓰셨다. '메네메네 데겔 우바르신'이라고. '메네'는 수를 세었다는 뜻이고 '데겔'은 저울로 단다는 뜻이다.

'우바르신'은 나누다 갈라진다는 뜻으로서, 이 말의 뜻은 벨사살 왕과 바벨론이 하나님의 저울에 달아 부족함이 드러났으므로 이제 바벨론은 멸망하고 그 나라는 나뉘게 하신다는 뜻이다.

너무나 짧은 시간에 일어난 일이라 내 발걸음은 허공을 딛는 것만 같았다. 하지만 나는 가까스로 하나님의 저울에 달려서 함량 미달은 면한 셈이니 그나마 다행이었다.

내가 파주 봉일천에 교회를 세우고 난 뒤 동네 사람들의 반응이 여러 가지로 나왔다는 얘기를 나중에 들었다. 이제까지 여자 목사는 처음 봤다고 했다. 어떤 이는 내가 기도원을 하던 사람이라 하고, 은사자라고도 하고, 이단이라고도 했다. 그러나 남편의 소천 이후 결론이 났다고 한다.

"저 여자 목사는 진짜야."

그렇게 인정받을 수 있었던 것은 남편의 임종을 앞두고도 하나님 앞에 예배를 인도했기 때문이란다. 교회 성도 중에도 타 교회에서 믿음생활을 했던 사람들은 좀처럼 교회에 정착하지 못하고 목사인 나를 유심히 관찰했다. 그런데 남편의 소천 이후 목사님이 하는 행동을 보니 정말 하나님의 종이라고 확신하게 되었다며 한 사람 한 사람 등록을 했다. 이후 제직회나 공동의회 등 회의를 하면 의심 없이 나를 믿어 주었다. 교회 또한 흔들림 없이 든든히 서 갔다.

남편은 이 세상에 있을 날이 얼마 남지 않았다는 것을 예견이라도 했을까. 소천하기 두어 달 전에 지나가는 말처럼 이렇게 얘기했다.

"여보, 나 세상 좋아하고, 친구 좋아하고, 술 좋아한 것 당신 알지? 그것 때문에 당신 맘고생도 많이 시켰지. 그런데 말이야. 예수 믿고 내 안에 믿음이 들어오니까 그 많은 친구들이 하나둘 떠나가고 마지막엔 주님하고 나하고 단 둘이 남대. 주님은 어떠한 가운데서도 항상 나와 함께 하셨어. 소용없는 일에 시간을 많이 낭비한 것 같아. 그래도 당신 만나 예수님을 영접하게 돼서 정말 고마워."

이렇게 말하면서 내 손을 꼬옥 잡는 것이었다. 아마 그 말이 자신의 신앙 고백이자 유언이 아니었나 생각된다. 그러나 나는 몹시 아팠다. 주님을 따른다는 것은 처절하게 나 자신을 부인하고 나아가는 길임을 날마다 체험하기 때문이다. 천국이 없다면 나는 너무 억울할 것 같았다. 그러나 주님은 나를 위로하셨다. 천국은 확실히 있다는 것과, 행한 대로 갚아 주시는 하나님이라고 말씀하셨다. 하여, 세상에 안주하며 천 년 만 년 살 것처럼 여전히 세상에 취해 사는 자들이 너무 가엾고 불쌍하단 생각이 든다. 때를 얻든지 못 얻든지 한 사람에게라도 더 복음을 전하기 위해 나는 오늘도 전도의 발걸음을 내딛는다.

23년 만의 기도 응답

이번이 50번째. 그동안 딸이 맞선을 본 횟수다. 그 시간 나는 가만 있지 못하고 거실을 몇 번이나 왔다 갔다 하고 있었다. 객관적으로 별 손색이 없는 사람을 엄선하여(?) 맞선 장소에 내보내도 딸아이는 몇 시간도 안 돼 쪼르르 집으로 오곤 해서 도무지 마음이 놓이질 않았다. 그런데 이번에는 밤 10시가 넘어도 집에 들어오지 않았다. 웬일일까?

몇 년 동안 신학교 동창회에 참여하지 않던 최 목사님이 오랜만에 나와 나를 보더니 던진 첫마디가 "딸 시집갔어?"였다.

"아니, 좋은 사람 있으면 목사님이 소개 좀 해, 나 딸 때문에 애간장이 녹아."

"아, 생각났다. 내가 왜 그 사람 생각을 못했지."

최 목사님이 이야기한 청년은 자신이 평신도로 있을 때 전도사로 사역하던 분으로, 목사가 된 후에도 여전히 연락하며 교제하고 있다 했다. 많은 부교역자들이 교회를 떠나면 교제가 끊기는데, 이 분하고는 여전히 연락을 주고받는 사이라 했다. 10년을 하루같이 변함이 없는 분이라고 극찬을 했다.

"목사님, 그런 사위 보면 후회하지 않을 거요. 요즘 그런 사람 없어요."

"그렇기만 하면 너무 감사한 일이지요."

최 목사님과 나는 작전을 세웠다. 옛날 방식으로 하자고 했다. 요즘처럼 저희들끼리 만나라고 내보내는 대신 최 목사님은 총각을, 나는 딸을 데리고 맞선 장소로 가기로 했다. 약속한 날 나는 딸을 데리고 맞선 장소로 나갔다. 잠시 후 안경을 낀 날씬한 총각을 데리고 최 목사님이 나타났다.

첫 인상이 선량해 보였다. 누가 봐도 주의 종이라고 할 것 같았다. 그 자리에서 많은 얘기를 나누지는 못했지만, 그의 말과 행동에서 지나온 삶의 여정과 오랜 시간 하나님께 무릎 꿇었다는 것이 표출되고 있었다. 그 내면을 딸이 알아보면 좋겠다고 생각했다.

10시가 되어갈 무렵 문 여는 소리가 들렸다. 나는 급히 거실로 나갔다. 딸은 내 표정만 보고도 상대에 대해 묻고 있다는 걸 알아차린 눈치였다.

"속사람이 깨끗해서 마음에 들어."

딸에게서 나온 첫마디였다.

"엄마! 그동안 내가 참 교만했었다는 생각이 들어. 하나님이 내 눈을 열어 주셨나봐. 이젠 속사람이 보이네."

참, 별일도 다 있다. 어디 내놔도 손색없을 것 같은 청년들을 주선해줘도 눈길조차 주지 않던 딸이었다. 한번은 미국에서 근무하는 교포 청년이 비행기를 타고 선을 보러온 적도 있었는데, 단칼에 잘라 버렸던 아이였다. 이것을 어떻게 해석해야 할까? 딸의 뜻을 명확히 알 수 없어 혼란스러웠지만, 오랜만에 마음에 든다는 말을 들으니 한편으로는 안심이 되었다.

그날 밤 꿈을 꾸었다. 어떤 모임에서 동상 제막식을 한다고 했다. 동상을 만들어 놓고 그 위를 흰 천으로 가려 놓고 있었다. 많은 사람들이 흰 천을 벗기자 동상이 위로부터 아래까지 전부 진주였다. 큰 진주 반지 하나만 껴도 모두들 자랑하는데, 그 큰 동상이 위에서부터 아래까지 진주라니.

나는 자리에서 벌떡 일어났다. 암흑 속에 감춰진 보배를 몰라 보니까 하나님이 꿈속에서 보여주셨다는 생각이 들었다. 나는 딸에게 꿈 이야기를 전하며 이렇게 말했다.

"이것저것 따지지 말고, 빨리 결혼 날짜를 잡자."

그렇게 딸은 맞선을 본 지 4개월 만에 결혼식을 올렸다. 그리고 결혼한 지 4개월 만에 딸과 사위는 목사 안수를 받았다. 사위는 결혼한 지 5년이 지났지만 변함없이 하나님께 충성하고 기도를 많이 한다. 3시간을 넘게 새벽기도를 한다. 아내의 별칭을 '천사'라고 핸드폰에 저장하고 귀하게 여기고 사랑한다.

2018년에 나는 그 사위에게 담임목사직을 승계했다. 잘해 갈 것이란 확신이 들었다. 하나님께서는 기도한 것은 반드시 이루어 주신다. 난 이 딸을 위해 23년을 기도했다. 아브라함이 이삭을 얻기까지 25년이 걸렸다. 믿음의 사람 아브라함도 오죽 기다림에 지쳤으면 인간의 방법으로 이스마엘을 낳았겠는가. 그러나 기도의 응답은 내 때가 아닌 하나님의 때인 것을 명심하라. 그리고 인내하고 기다려라.

하나님의 한 방!

교회를 개척하고 피아노 반주자가 없어서 서울에 살고 있는 둘째 딸에게 부탁했다.

"얘, 교회에 반주자가 없으니 네가 이사 와서 피아노 반주를 좀 해야겠다."

초등학교 교사인 딸은 교회 반주를 위해 어려운 결정을 내려 주었다. 딸이 교회가 있는 경기도 파주로 이사 왔을 때, 외손녀는 다섯 살이었다. 주민등록이 파주 봉일천으로 되어 있으니 선택의 여지없이 손녀딸은 지역의 초등학교를 졸업하고 지역의 중학교에 다녔다.

하루는 딸이 내게 푸념하듯 하소연을 했다.

"엄마 때문에 우리 딸 시골 아이 만들겠어요. 초등학교에서 고등학교까지 여기서 나오면 서울에 있는 대학에 들어가기 쉽지 않다 하던데…"

딸의 그 말 속에는 많은 뜻이 담겨 있었다.

"그래도 나는 명문 E여대를 나왔는데, 내 딸은 서울에 있는 대학도 못 가면 어떻게 해요? 엄마가 개척교회를 하는 까닭에 내 가족까지 힘들다."

대략 이런 말을 하고 싶었을 것이다. 한데 딸의 말을 듣고 있던 내 입술에서 불쑥 한마디가 튀어 나왔다.

"걱정 말아라. 하나님이 한 방에 보상해 주실 것이다."

내가 말을 해 놓고도 어이가 없었다. 요즘 아이들이 자주 쓰는 '한 방'이라는 단어를 나는 전에 한 번도 사용한 적이 없었다.

손녀딸이 중 3이 되었다. 우리 모녀는 서로가 주고받은 말을 까마득히 잊고 있었다. 손녀딸은 중학교에서 상위권에 들었지만, 그다지 성적이 뛰어나지는 못했다. 어학에 대한 소질은 좀 있는 것 같았다. 그런데 당시 일산에 새로 세워진 특목고에 시험을 본다고 했다. 우리 가족은 큰 기대를 하지 않았다. 특출난 아이들이 많이 지원한다니까 경험 삼아 한번 보라고 했다. 그런데 뜻밖에 합격을 했다. 그것도 다니는 중학교에서 합격한 단 한 명의 아이가 손녀딸이었다.

그 학교는 전체 학생이 기숙사 생활을 했다. 손녀딸이 교실

분위기를 보니 자기가 그 반에서 중간 정도밖에 안 될 것 같더란다. 그래서 이를 악물고 열심히 했다고 한다. 노력한 만큼 성적이 쑥쑥 올라서 고3 때는 상위권에 들게 되었다. 진학담당 교사는 고려대학교나 연세대학교에 원서를 내면 어떻겠느냐고 했단다.

"엄마, 어떡하지? 학교에서 고대나 연대에 원서를 내보라고 하셨어요."

나는 반대했다.

"서울대나 고대, 연대 합격생 많이 내서 그 학교 앞에 현수막 붙여놓고 우리 학교에서 이렇게 일류 대학에 많이 합격시켰다고 자랑하려는 모양이구나. 학교 자랑하면 무슨 소용이니. 합격한다는 보장도 없는데. 안정권으로 가는 것이 좋겠다."

그리고는 고3 손녀딸에게 덧붙여 말했다.

"혜리야, 한동대는 크리스천 리더를 많이 배출하는 대학이라고 하던데, 한동대에 원서를 내면 어떻겠니?"

그러자 손녀딸이 대답했다

"할머니, 그러면 교회 반주는 누가 해요?"

한동대는 지방에 있기 때문에 매 주일마다 올 수가 없었다. 그때 당시 제 어미의 뒤를 이어 손녀딸이 교회 찬양대 반주를 하고 있었다. 그 말을 듣는 순간 나는 움찔했다. 목사인 할미가 손녀

딸보다 하나님을 덜 사랑하는 것인가? 자기 인생의 진로보다 하나님의 교회를 먼저 생각하는 저 아이를 하나님이 축복해 주실 것이라는 확신이 들었다.

"그래, 그럼 두 군데만 넣자."

그래서 한국외대와 경희대에 원서를 냈다. 며칠 있다가 경희대에서 과 수석에다 4년 전액 장학금을 지급하겠다는 통보가 왔다. 우리 가족은 모두 기뻐하며 경희대 입학을 지지했다. 하지만 본인은 과가 마음에 안 들어서 한국외대 결과를 보고 결정하겠다고 했다. 3일 후 한국외대 외교언어학과LD학과에서 대학원 진학까지 할 수 있는 6년 장학생으로 선발되었다고 연락이 왔다.

하나님은 공짜가 없는 분이시다. 주를 위해 헌신하면 손해가 날 것 같지만, 그보다 몇 배의 복을 주신다. 딸이 내 손을 붙잡으며 말한다.

"엄마, 정말 하나님이 한 방에 보상해 주셨네요."

그때 나는 당당히 딸에게 말했다.

"하나님은 우리의 일거수일투족을 불꽃같은 눈으로 지켜보고 계신다. 네가 교회 개척 멤버로 수고하고 애쓴 것 하나님이 다 보시고 보너스를 주신 것이니 더 충성해라."

딸은 '아멘'으로 화답했다.

손녀딸은 보면 볼수록 기특하다. 학기마다 몇 백만 원의 등록금을 지원받으며 대학에 다니니 얼마나 대견한가. 그뿐인가. 2019년 8월엔 캐나다 교환학생으로 선발되어 유학을 다녀왔다. 그리고 2020년엔 '코이카KOICA'에서 인턴사원 4명을 뽑는데, 600명의 지원자가 몰렸음에도 합격해 연말까지 근무하기로 했다.

주를 위해 헌신했는데 현재 보이는 것이 아무것도 없고 나타나는 것이 없는가? 낙심하지 말고 기다려라. 하나님의 때에 한 방에 보상해 주신다.

개척교회 목사가 학위는 왜 필요해?

새벽기도를 마치고 목양실에서 논문 원고작업을 하느라 매일 두 시간씩 책상에 앉아 컴퓨터 자판을 두드리고 있었다. 미국 코헨신학대학교에 제출할 신학박사 학위 논문이었다.

나는 원래 작가가 되고 싶었다. 그런데 그 꿈을 이루지 못하고 간호사가 되었으며, 뒤늦게 신학을 공부하여 목사가 되었다. 신학 공부였지만 학구열 덕분인지 학부에서도 논문상을 받았고, 석사과정에서도 우수 논문을 제출할 수 있었다. 그리고 지금은 신학박사 학위에 도전하는 논문과 2년째 씨름 중이다. 마침내 논문이 완성되었지만, 문제는 미국행 항공료와 논문 심사비 및 체류 비용이 문제였다. 이 문제를 놓고 기도하지 않을 수 없었다.

"개척교회 목사가 왜 학위가 필요해? 목회만 잘 하면 되지."

딸이 볼멘소리를 했다. 교회 형편을 잘 알고 있기 때문에 애쓰는 어미가 안쓰러워 보였던 모양이다. 딸의 말이 틀린 게 아니었다. 늦게 시작한 목회이니 만큼 열심히 기도하고 말씀 연구해서 목양에만 전념해야 할 목사가 끙끙대며 책상에 앉아 논문만 쓰고 있으니 말이다.

"그래, 네 말이 맞다. 엄마가 이 논문을 꼭 마치고 싶은 바람은 있으나 비용이 마련되지 않으면 포기하마. 그러니 기도해 주렴."

딸에게 이렇게 말한 후 나는 이 문제를 놓고 하나님께 간절히 기도했다. 하나님의 뜻이면 길을 열어 달라고.

출국 날짜가 일주일 남았을 때였다. 놀랍게도 여기저기서 필요한 경비가 들어왔다. 남지도 모자라지도 않는 액수였다. 그걸 지켜본 딸이 말했다.

"엄마를 보면 하나님은 약한 자를 들어 강한 자를 부끄럽게 하시는 분인 걸 알겠어요. 하나님은 하시고자 하시면 꼭 이루시는 분이라는 것을 제가 목도했으니 이제부터는 엄마가 하는 일에 간섭하지 않을게요."

하나님의 전적인 빽back으로 〈역사적으로 본 목회자 리더십에 관한 연구〉라는 제목의 논문을 제출했고, 논문 심사에 통과되어 신학박사 학위를 받았다.

그 후 10년의 세월이 흘렀고, 은퇴한 나의 뒤를 이어 사위 김성은 목사가 예사랑교회 담임을 맡게 되었다. 하나님의 은혜로 나는 총회의 지역 부총회장을 맡게 되었다. 어느 날 총회 서기목사님께서 전화를 주셨다.

"목사님! 이번 목회자 하계수련회에 강의 한 시간을 맡아 주셨으면 하는데."

"갑자기 무슨 강의를 합니까? 하나님께 충성해서 복 받은 드라마틱한 간증이라면 모를까."

"아니, 강의라야 돼요."

까마득히 잊고 있었던 10년 전에 쓴 논문 생각났다.

"그러면 목회자 리더십에 대한 강의를 하면 어떨까요?"

"그거 좋겠어요 타이틀이 아주 좋아요."

하나님 안에서는 우연이란 없는가 보다. 10년 전에 쓴 논문이 책장에서 먼지를 뽀얗게 둘러쓰고 있는데, 10년 후에 그것이 빛을 볼 줄 어떻게 알았을까. 하나님이 하시는 일은 신묘막측 하실 뿐이다.

딸·사위의 목사 임직예식

23년 동안 딸의 배필을 놓고 기도했지만 응답이 없자 나는 딸과 타협을 했다.

"애, 사람만 괜찮으면 네가 예수 믿게 하면 될 것 아니냐. 믿지 않는 사람 가운데서도 한 번 찾아보자."

"엄마! 이스마엘 낳으려고 해?"

딸의 단호한 대답에 목사인 어미는 머쓱해져서 아무 말도 못했다. 속으로 믿음 없는 어미가 미안하기도 했다. 그런 딸의 말을 하나님이 들으시고 2015년 6월에 딸은 45세의 나이에 동갑내기 강도사와 결혼을 했다. 딸은 일반대학을 나와서 신학대학원을 거쳐 강도사 고시에 합격한 상태였다. 사위도 모든 과정을 이수하고 목사고시도 합격했지만, 사위가 소속한 교단이 결혼을 안 하면 목사 안수를 받을 수 없다고 해서 목사 후보생으로 있었다.

개척 멤버도 없이 교회를 개척하고 목회를 하는 동안 많은 어려움이 있었다. 정말 나의 목회는 마른 땅을 호미로 파는 것과 같았다. 가문에서 제일 먼저 예수를 믿었기에 기도가 전혀 쌓여 있지 않았다. 그런 연고로 무엇 하나 그냥 지나가는 것이 없었다. 전부 나의 진액을 쏟아야만 하나님이 해결해 주셨다. 그런데 그런 내게 하나님은 오래 참게 하시더니 딸과 사위를 같은 날 목사 안수를 받게 하셨다.

사위는 대신교단이고, 딸은 아세아연합신학대학원을 나왔기에 독립교단에 속하고, 어미는 예장중앙총회 목사였다. 셋 다 교단이 달랐다. 딸과 사위를 불러 이야기했다.

"자네들은 어떤 교단에서 안수를 받으려고 생각하나?"

"장모님! 한 주만 기도하고 말씀드리겠습니다."

한 주가 지난 후 사위가 말했다.

"장모님이 몸담고 계시는 예장중앙총회에서 안수를 받겠습니다."

"그러면 내가 은퇴하면 담임목사는 누가 할 것이냐?"

"엄마! 김 서방이 담임하기로 했어."

모든 일이 일사천리로 진행되었다. 2015년 10월, 딸과 사위가 목사 안수를 받았다. 결혼한 지 4개월만이었다. 마치 번갯불에 콩 구워 먹는 것 같았다. 하나님이 하시니까 막힘없이 진행되었다.

그리고 목사 안수식 날이 되었다. 안수위원장님의 인도에 따라 안수위원들과 함께 그들의 머리에 손을 얹고 기도를 하는데, 하염없이 눈물이 흘렀다. 지난 일들이 주마등처럼 지나갔다. 교회 개척 1년 만에 겪은 남편의 소천, 꽁꽁 언 수도관을 녹이다가 아래층 지붕으로 물이 쏟아지는 일로 3천만 원의 배상을 요구받던 사건, 성도들이 당을 지어서 하루아침에 12명이 빠져 나가던 일 등 그 숱한 고난의 시간을 통해 하나님은 나에게 제자를 네 명이나 세우게 하셨다.

내가 양육한 안수집사는 선교사와 결혼해 지금 필리핀에 선교사로 나가 있다. 실제로 나는 딸과 안수집사 두 사람을 키웠는데, 그들이 또 주의 종들과 결혼을 하게 되어서 결산을 하니 나는 두 개 심었는데 거두기는 네 개를 거두었다, 정말 수지맞는 일 아닌가.

목사 임직예식이 있던 이 날, 딸과 사위 목사 그리고 선교사 부부를 하객들 앞에서 인사를 시킬 때 정말 감격스러웠다. 하나님은 만삭되지 못하여 난 자 같은 나에게 과분한 선물을 주셨다. 주님의 지상명령은 "모든 족속으로 제자를 삼으라는 것이다."(마28:19) 그 명령에 만분의 일이라도 참여하게 하신 것에 감사드린다.

"나의 나 된 것은 하나님의 은혜로 된 것이니 내게 주신 그의 은혜가 헛되지 아니하여 내가 모든 사도보다 더 많이 수고 하였으나 내가 아니요 오직 나와 함께 하신 하나님의 은혜로라."(고전15;10)

약할 때 강함을 주시다

눈보라가 매섭게 몰아치는 12월 첫날이다. 우리 교회는 매월 첫날 월삭 기도회로 새벽기도를 드리는데 오늘도 노 집사는 서울 화곡동에서 파주 봉일천에 있는 우리 교회까지 누구보다 먼저 와서 기도로 예배를 준비하고 있다. 한 달에 한번이지만 새벽에 먼 거리를 달려와서 새벽기도를 드린다는 것은 쉬운 일이 아니다. 노 집사의 그런 모습을 보고 있노라면 진한 감동과 가슴 찡함이 한꺼번에 밀려온다. 신앙공동체 안에서 목회자를 감동시키는 사람은 누구일까? 말씀에 순종하는 사람이다.

노 집사는 우리 교회 찬양대 지휘자다. 이전에 중형 교회에서 지휘를 했던 그가 섬기던 교회 지휘를 그만두고 잠시 쉬고 있을 때, 그의 고등학교 후배인 아들의 권유로 잠깐 동안 우리 교회에서 봉사하기로 하고 왔다가 지금까지 함께 하고 있다.

우리 지역은 교파를 초월한 지역연합회가 있는데, 이름 하여 '조리기독교연합회'다. 두 달에 한 번씩 교회를 돌며 금요 저녁기도 모임이 있다. 우리 교회의 기도 모임 차례가 돌아왔다. 노 집사의 지휘 덕분에 '조리기독교연합회'에 속한 목사님들과 성도들은 우리 교회 찬양대의 찬양이 무척 은혜로웠다고 칭찬을 아끼지 않았다.

우리 교회에서 지휘를 시작하고 몇 년이 지난 어느 해 찬양대 세미나가 열렸다. 그때 지휘자인 노 집사가 강의를 맡게 되었는데, 그가 이런 간증을 하는 걸 들었다.

노 집사는 젊을 때부터 성가대 지휘를 해왔다고 했다. 보통 중형 교회 이상에서 지휘를 해왔기에 그는 대원들 찬양 연습을 시키고 찬양할 때는 지휘만 했다고 했다. 그런데 예사랑교회에서는 작은 인원이 합심하여 찬양을 하다 보니, 남성 파트 인원이 부족하여 지휘자인 자신까지 찬양을 하지 않으면 안 될 상황이 되었다는 것이다. 이렇게 지휘를 하면서 찬양을 하는 것은 예사랑교회가 처음이었다고 했다.

그러던 어느 날 목에 이상한 느낌이 들어 병원에 갔는데 성대 결절이라는 진단을 받았다고 한다. 그러면서 의사 선생님은 이것은 수술을 해야 하고 수술을 한 후에는 두 달 이상 목을 쓰면 안 된다는 이야기를 했다고 한다. 그는 수술을 해야 한다는 말과 수술 후 두 달 동안 목을 쓸 수 없다는 이야기에 쉽게 수술을 결정하지 못하고 고민을 했다고 한다. 왜냐하면 그는 성악을 하는 사람이었고, 학생들을 가르치는 사람이었기에 두 달을 쉰다면 모든 상황들이 굉장히 어렵고 힘들게 되기 때문이었다.

그런 고민을 하는 중에도 그는 찬양대에서 지휘를 하면서 찬양도 했다. 그리고 수술 결정을 하러 다시 병원을 찾아가 검사를 했는데, 의사로부터 놀라운 이야기를 들었다고 한다. 의사의 말이 지난달에는 분명히 성대 결절이었는데, 오늘 보니까 결절이 없어졌다며 수술할 필요가 없다고 했단다. 노 집사는 마음속에 이런 생각이 들었다고 했다.

"아, 이 결절은 내가 지휘하면서 찬양할 때 제거되었구나. 하나님이 치유해주셨구나."

그날 찬양 세미나에서 그의 간증은 성도들 마음에 잔잔한 감동을 주었다. 성악을 하는 사람에게 성대는 생명과 같은 것인데, 수술 없이 고침을 받은 후 노 집사는 한 단계 더 깊은 믿음이 생긴 것 같다. 그리고 작은 교회에서 봉사를 하고부터 하나님께서 하나하나 그에게 길을 열어 주심을 보게 되었다. 몇 해 전 대심방 때의 일이다. 항상 가던 집이 아니고, 다른 집의 약도를 알려주기에 내가 물었다.

"집사님! 이사하셨어요?"

"목사님, 이번에 제 집을 마련했습니다."

그 말을 듣는데 갑자기 눈물이 핑 돌았다. 목회자의 소망이 무엇인가. 나에게 맡겨주신 성도들의 영혼이 잘 되고 범사가 잘 되는 것 아닌가.

교회를 세상과 구별된 거룩한 공동체라고 부르지만, 사실상 교회 안에도 세상적인 가치가 깊숙이 들어와 있는 걸 본다. 그래서 세상의 기준으로 섬김과 봉사의 가치를 판단하려고 한다. 그러나 우리는 세상의 판단이 아닌, 주님의 판단이 더 중요한 사람들이다. 주님은 그 사람이 가진 것보다 얼마나 충성했는지를 보신다. 그리고 충성되게 일한 자들에게는 똑같이 착하고 충성된 종이라는 칭찬을 해주신다.

큰 교회냐 작은 교회냐가 중요한 게 아니다. 큰 교회든 작은 교회든 내가 있는 자리에서 충성을 다하는 모습을 주님은 기대하실 것이다. 작은 교회에서 적은 인원을 가지고 가장 아름다운 찬양의 소리를 만들어내는 노 집사와 찬양대원들의 찬양을 하나님께서는 아름답게 받으실 것이라 믿는다. 어느 해 연말, 송구영신 예배의 찬양을 준비하는 그를 불러서 나는 진지하게 말했다.

"집사님, 큰 교회에서 봉사하라고 부르면 언제든지 말씀하세요. 큰 곳에서 봉사해야 집사님 사역의 지평이 더 넓어질 것 아닙니까?"

"알겠습니다. 목사님, 그런 상황이 되면 말씀드리겠습니다. 하지만 아직은 예사랑교회에서 더 봉사하라고 하시네요."

그가 하나님의 때에 다른 교회로 가더라도 작은 교회를 섬겼던 마음으로 그곳에서도 충성된 일꾼으로 봉사할 것이라 기대한다. 고등학교 선후배로 결성된 기독교 중창단 '필레오' 단장이

기도 한 노 집사는 가끔 콘서트도 여는데, 이제 중년이 된 그들이 찬양을 하는 것을 보면 퍽 감동적이다.

사도 바울은 "하나님께서 세상의 미련한 것들을 택하사 지혜 있는 것들을 부끄럽게 하려 하시고 세상의 약한 것들을 택하사 강한 것들을 부끄럽게 하려 하신다"(고전1":27)고 했다. 작은 교회에서 봉사하면서 하나님을 만난 노 집사 역시 '약할 때 강함'을 주시는 하나님께 의지하는 성도의 삶을 이어가고 있다.

요단강에서 네 죄를 씻고 오라

"목사님 계십니까?"

40대 후반의 여성이 목사를 찾았다.

"예, 제가 이 교회 목사입니다만. 어쩐 일로?"

"네, 목사님. 저는 이 동네 사는 사람이 아니고 저의 언니가 송촌토파즈 아파트에 살고 있어요. 저희 형부가 암으로 투병 중이신데 어젯밤에 이상한 꿈을 꾸셨다고 언니가 저에게 전화를 했어요. 언니의 말을 들고 보니 아무래도 형부를 하나님이 부르시는 것 같아서 목사님께 의논하러 왔습니다. 저도 교회에 다니는 성도예요."

그녀를 따라 환자를 만나러 아파트로 갔다. 70대 노부부가 살고 있었다. 환자는 겉으로 보기에는 중환자 같지 않고 깨끗하고 단정했다.

"어르신, 무슨 꿈을 꾸셨습니까?"

"네, 목사님. 제가 강가를 거닐고 있었어요. 그런데 스산한 바람이 불어왔고, 왠지 모르게 두려움이 엄습해 왔습니다. 그때, 보통 사람의 말소리가 아닌 도저히 거역할 수 없는 음성이 들렸습니다. 마치 왕의 어명 같았습니다. '요단강에서 네 죄를 씻고 오너라!'고 해서 깜짝 놀라 일어나니 꿈이었습니다. 요단강이 어디에 있는 강인가? 아무리 생각해도 우리나라에 요단강이 있다는 소리를 듣지 못했습니다. 곰곰이 생각하다 아내를 깨웠습니다. 아내가 예전에 교회를 다녔거든요. 교회 사람들이 찬송 부를 때 요단강이라는 소리를 들은 것 같아서요."

　나는 어르신의 영혼을 구원하기 위해 하나님이 주신 메시지임을 단박에 알 수 있었다.

"어르신! 그 음성은 하나님이 어르신을 부르시는 음성입니다. 우리는 누구나 이 땅에 와서 언젠간 반드시 이곳을 떠납니다. 그러나 떠날 때는 가는 곳이 두 갈래 길입니다. 천국과 지옥입니다. 천국은 예수님을 나의 구주로 믿는 자들이 가는 곳으로, 그곳에서는 영원히 주님과 함께 살게 됩니다. 지옥은 믿지 않는 자들이 가는 곳입니다. 그곳에서는 영원한 형벌이 기다리고 있습니다. 어르신께서 천국과 지옥 중 어디로 가고 싶으십니까?"

"천국에 가야죠."

"어르신! 천국에 가시려면 예수님을 믿어야 합니다. 그 예수님을 믿으시겠습니까?"

"네. 천국으로 가기만 한다면 믿어야죠."

어르신은 순순히 예수님을 구주로 영접했다. 나는 이 어르신을 보면서 예수님의 오른편 십자가에 달렸던 강도를 생각했다. 이 땅에 살 때 수많은 죄를 짓고 십자가에 달려 고통당하면서 "예수여, 당신의 나라에 임하실 때에 나를 기억하소서"라며 긍휼을 구했던 강도의 마음을.

일생 동안 한 번도 교회에 출석해본 적이 없는 분이 꿈속에서 주님의 음성을 듣고 병상에서 주님을 영접했으니 이 어찌 은혜가 아닌가.

새벽기도에 그 가정을 놓고 기도하는데, 성령께서 그 환자에게 병상세례를 주라는 감동이 왔다. 나는 세례기를 준비해서 그가 입원해 있는 병원의 병상에서 세례를 베풀었다. 세례를 받은 지 보름 만에 그 어르신은 하나님의 부름을 받았다.

장례가 끝나고 부인 김외순 성도는 우리 교회 권속이 되었다. 지금은 명예 권사님으로 18년 동안 예배 자리를 지키고 계신다.

권사님은 예수를 믿는 가정에서 자랐으나, 일 년에 제사만 아홉 번 치르는 집안으로 시집을 갔단다. 할 수 없이 예수를 믿으면서도 제사를 지냈는데, 해가 거듭될수록 주님께 너무 죄를 짓는 것 같아 아예 교회를 나가지 않았다고 했다. 그 햇수가 40여 년이 되었다.

그런데 남편이 꿈속에서 주님의 음성을 듣고 자기를 예배의 자리로 다시 앉게 해주셨다면서 하나님의 사랑에 항상 감복하며 지내신다. 많은 세월이 지나 권사님도 이제 팔순 중반이 되었다. 하나님은 어떤 방법을 한번 택한 자를 통해서도 다시 부르시는 분이시다.

한쪽 눈을 남겨주셔서 감사합니다

목회 여정에서 많은 성도들을 만났다. 그러나 유독 기억에 남는 성도들이 있다. 사도 바울은 복음 사역 말미에 자기와 함께 수고한 이들을 일일이 거명하며 그 수고를 기억해 달라고 성도들에게 부탁했다. 특히 부부가 헌신한 브리스가와 아굴라에 대해 "그리스도 예수 안에서 나의 동역자들인 브리스가와 아굴라에게 문안하라 저희는 내 목숨을 위하여 자기의 목이라도 내어 놓았나니 나 뿐 아니라 이방인의 모든 교회도 저희에게 감사하느니라"(롬16:3-4) 했다. 주의 종을 위해 자신의 목이라도 내 놓을 정도로 충성했으니 얼마나 감격했을까.

그러나 바울은 자신의 마음을 아프게 한 사람도 거명했다. "구리장색 알렉산더가 내게 해를 많이 보였으매 주께서 그 행한 대로 저에게 갚으시리니 너도 저를 주의하라 저가 우리말을 심히 대적 하였느니라"(딤후4:14-15)라고.

목회가 사람을 상대하다 보니 목회자도 사람인지라 성도에게 사랑을 받기도 하지만 상처를 받을 때도 있다. 교회를 개척하고 몇 년 되지 않았을 때 교인 몇 사람이 무리를 지어서 하루아침에 열 두 명의 성도가 빠져 나간 적이 있었다. 그 주일 강단에 서니 가슴에 구멍이 뚫린 기분이었다. 그곳으로 매섭고 차가운 바람이 불어왔다. 역시 목자는 양이 있을 때 힘이 난다는 걸 알게 됐다.

그러나 잊을 수 없는 성도님도 계신다. 그중에 구순을 넘기신 김영윤 장로님이 계셨다. 장로님은 타 교회에서 신앙생활을 하시다가 우리 동네 아파트로 이사 오셔서 우리 교회에서 4년 동안 같이 신앙생활을 하시다가 소천하셨다. 장로님은 이북에서 월남하셨는데, 부모님 때부터 예수를 믿는 독실한 가정 출신이었다. 예배시간 1시간 전에 부부가 오셔서 예배를 위해 간절히 기도하는 모습은 모든 성도들의 귀감이 되었다. 교회에 등록을 하고 심방을 가서 장로님이 한쪽 눈이 실명한 사연을 권사님으로부터 듣게 되었다.

어느 금요일 저녁 기도회를 마치고 층계를 내려오시다가 그만 발을 헛디뎌 계단에서 굴렀는데, 계단 난간 손잡이에 눈을 찧으셨단다. 연로하신 몸을 이끌고 급히 병원에 가서 검사를 받았는데, 한쪽 눈은 쓸 수가 없다는 진단이 나왔다고 한다. 보통 사람 같으면 하나님 앞에 예배드리고 귀가하다 사고를 당했으니 하나님을 원망할 법도 한데, 장로님은 그게 아니었다고 한다.

"하나님! 한쪽 눈을 남겨주셔서 감사합니다."

실명 진단을 받은 장로님의 첫마디가 '감사'였다는 권사님의 말씀을 듣고 나는 가슴이 뭉클했다. 잘된 일에 감사하는 것은 누구나 할 수 있다. 하지만 힘든 일을 만나거나 절망의 순간에는 감사 대신 불평이 나오는 게 인지상정인데, 역시 장로님은 믿음의 사람다운 모습을 보여주신 것이다.

다음 주일 설교 시간에 장로님에 대한 간증을 들려드렸더니 성도들이 많은 은혜를 받았다고 한다. 장로님 내외분은 주의 종에 대한 예우도 깍듯하셨다. 매년 가을이 되면 서리태를 사서 당신 한 말, 담임목사에게 한말을 보내셨다. 자신들도 자녀들에게 용돈을 타 쓰시면서 명절 때는 꼭 목회자에게 인사하는 것을 잊지 않으셨다.

장로님이 소천하시고 나서 권사님은 요양병원에 계시는데, 교회에서 정기적으로 찾아뵙고 있다. 그 부모에 그 자녀라는 말이 있듯이 장로님이 소천하신 지 4년이 되는데도 아들 장로님과 딸 집사님은 타 교회를 섬기고 있으면서도 매월 우리 교회에 감사헌금을 하고 있다. 2020년 봄에는 막내인 김선철 집사님 가족이 우리 동네로 이사 오셔서 한 교회에서 믿음생활을 하고 있다. 이 관계가 천국까지 이어지기를 소원한다.

5

엔딩 노트

뒷모습이 아름다운 사람

교회 개척을 하고 얼마 되지 않아서였다. 자동차 부속품인 에어필터 제조공장을 하는 윤 집사님의 공장에 심방을 갔다. 문을 열고 사무실에 들어가서 잠깐 기도하고 눈을 들어보니 사장의 책상 앞 벽면에 '뒷모습이 아름다운 사람'이란 글씨의 액자가 걸려 있었다. 나는 그 글을 보면서 이왕이면 성경 말씀이면 더 좋았을 텐데 하는 아쉬움이 들었다. 그런데 그 글귀가 목회를 마무리하고 하나님 앞에 내 인생을 결산할 때 새삼 다가오는 것은 무슨 연유일까.

사람들은 앞모습에는 신경을 많이 쓴다. 요즘같이 성형수술이 발달된 시대도 없다. 오죽하면 성형중독이란 말도 생겨났겠는가. 그런 연고로 돈만 있으면 앞모습은 인형처럼 만들 수 있다.

그러나 뒷모습은 아무리 성형 술이 발달해도 고칠 수 없다. 뒷모습은 자신이 살아온 만큼 만들어진다. 뒷모습은 자신이 살아온 삶의 척도가 된다. 나는 학위 논문 제목을 '역사적으로 본 목회자 리더십에 관한 연구'로 정했다. 논문을 쓰는 과정에서 위대한 믿음의 선진들을 많이 만날 수 있었다. 그 가운데 개인적으로 좋아하는 인물은 여호수아이다.

여호수아는 모세의 시종이었다. 위대한 스승 모세의 수하에서 이름 없이 빛도 없이 일했다. 모세 사후 "강하고 담대하라 내가 모세와 함께 있었던 것 같이 너와 함께 있을 것이라"는 하나님의 말씀을 따라 한 번도 '아니오' 없이 순종하여 마침내 가나안을 정복했다. 그리고 주신 땅을 각 지파에게 분배하는 일을 마쳤다.

마지막으로 여호수아는 두 번의 고별 설교를 했다. 첫 번째는 백성의 장로들과 수령들과 재판장들과 관리들을 불러다가 설교를 했다. 두 번째는 모든 백성을 세겜에 모아 "너희가 섬길 자를 오늘 택하라 오직 나와 내 집은 여호와를 섬기겠노라"(수24:15)라고 선포했다. 그리고 110세를 일기로 생을 마감했다. 아름답고 깔끔한 뒷모습이었다.

이어 성경은 이렇게 기록했다. 여호수아 1장에서 "모세의 시종 눈의 아들 여호수아"(1절)라고 부르던 것을, 여호수아 마지막 장에서는 "이 일 후에 여호와의 종 눈의 아들 여호수아"(수24:29)

라고 기록하고 있다. 모세의 시종이 여호와의 종이 되었다. 하나님은 여호수아를 시작보다는 마지막이 더 아름다운 사람으로 인증해주신 것이다. 나도 그런 뒷모습을 닮고 싶다.

사람들 중에는 종종 뒷모습이 아름답지 못한 경우가 있다. 그이유는 무엇 때문일까. 세계는 지금 대체로 권력·돈·성性을 최고의 가치로 여기는 사조에 빠져 있는 듯하다. 이는 포스트모던 시대에 들어서면서 권력의 신인 마르스, 돈의 신인 맘몬, 성性의 신인 아프로디테가 인간 최고의 우상이 되었다는 것을 의미한다.

인간이 권력과 돈과 성을 우상으로 삼는 일차적인 이유는 그것들이 주는 쾌락 때문이다. 이것들이 우리의 삶에 부패를 가져올 여지가 조금이라도 있다면 함께 두어서는 안 된다. 하지만 인간은 끝없는 탐욕으로 인해 그것을 간과한 나머지 치명적인 결말을 맞이하는 경우가 많다.

사람들은 저마다 욕망하거나 흠모하는 대상이 있다. 그러나 그대상이 어떤 사건에 연루되었거나 사회에 물의를 일으키는 뒷모습을 보면 실망하고 한탄한다. 나도 한때는 앞모습만 보고 존경의 마음을 가졌던 분이 더러 있었다. 그런데 그의 사후에 아름답지 못한 뒷모습을 보고 마음이 슬프다 못해 아린 경험을 했다.

2018년 겨울에 네 번의 장례예배를 집례했다. 입관할 때 아무리 눈여겨보아도 고인이 손에 쥐고 가는 것은 아무것도 없었다.

그리고 고인이 입은 수의에는 주머니가 없었다. 그럼에도 많은 사람들은 천 년 만 년 살 것처럼 가득 움켜쥔 채 놓지를 못한다. 그런 이들의 뒷모습엔 향기가 없다. 손을 펴서 자신이 가진 것을 주위로 흘려보낼 때 그리스도의 향기가 곤다. 그렇게 하는 것만이 자신의 뒷모습을 덜 추하게 만드는 길이다.

목회 일선에서 물러나고 보니 나의 뒷모습을 다른 사람들이 어떻게 평가할까 두려운 마음이 든다. 쉰이 지난 나이에 교회를 개척해서 목회사역의 길을 걸어오기까지 참으로 힘든 일이 많았다. 그러나 사람이 알아주든 알아주지 않든, 나의 목회 뒷모습을 주님이 알아주셨으면 좋겠다는 마음을 품고 산다.

나는 가끔 나 자신에게 묻곤 한다. 내 인생의 드라마가 끝났을 때 사람들은 '나'라는 존재에 대해 어떤 평가를 내려줄까. 욕심을 내본다면 '뒷모습이 아름다운 사람'이라는 말을 듣고 싶다.

내려갈 때 보았네 그 꽃

한 해를 마무리 할 즈음이면 사람들은 으레 '올해도 다사다난 했다'고 말한다. 일도 많고 어려움도 많았다는 뜻이다.

2018년이 저물어가고 있다. 올해 역시 국가적으로나 사회적으로 다사다난한 한 해였다. 우리 교회와 가정도 마찬가지였다. 우리 교회는 18년 만에 세대교체가 이루어졌다. 설립자인 목사가 원로로 물러나고, 부목사가 담임목사직을 승계했다. 또한 금년에는 전례 없이 육신적으로 연약한 교회 성도들이 많았다. 그래서 더 많이 기도하게 하셨다. 성도들 가정에도 어려움이 있었고, 기쁨도 있었다. 인간사에는 항상 희로애락이 공존하는 것 같다.

분주함과 치열함은 무엇이 다를까? 인생 황혼기에 접어들어 지나온 세월을 돌아보니 참으로 치열하게 살아온 것 같다. 가정사에서도 자식들 교육을 위해 열심히 뒷바라지했고, 중년에 하나님의 부름을 받아 늦게 시작한 목회를 위해서도 열심을 냈다. 처음엔 내가 열심을 내서 최선을 다하면 교회가 부흥되는 것으로 알고 목회에 임했다.

그러나 목회는 내가 하는 것이 아니라 하나님이 하시는 것임을 뒤늦게 깨달았다. 사람들은 분주하고 치열하게 매달리면 성공이라는 목표에 도달하리라 생각한다. 그것 때문에 내 인생의 가장 귀한 것을 놓칠 때가 있다. 이제라도 여유를 갖고 주위를 살피며 살려고 한다.

고은 시인은 '그 꽃'이란 제목의 짧은 시에서 이렇게 노래했다.

내려갈 때 보았네.

올라갈 때 보지 못한 그 꽃

이만큼 살고 보니, 이 한 문장 속에 너무나 큰 우리 인생 이야기가 담겨 있다는 걸 알겠다. 오르막길과 내리막길은 인생의 초년과 노년을 뜻할 수도 있고, 조급함과 여유를 빗댄 것일 수도 있고, 인생의 성공과 실패를 은유한다고도 하겠다. 천천히 발걸음을 옮겨 내려가는 길에서 맞이하는 성공의 위험과 교만에 대한 깨달음, 그리고 실패를 경험한 사람의 아픔과 겸손이 전해진다. 올라가는 것보다 내려가는 것이 얼마나 소중한 일인지를 이 짧은 시는 깊고 넓게 교훈해준다.

루쉰은 '희망이 길이다'라는 명문을 남겼다. 희망이란 본래 있다고도 할 수 없고 없다고도 할 수 없다. 그것은 땅 위의 길과 같다. 본래 땅 위에는 길이 없었다. 걸어가는 사람이 많아지면 그것이 곧 길이 된다. 나는 이 길이란 단어에서 예수님이 걸어가신 십자가의 길을 생각했고, 길 되신 예수님을 떠올렸다. 아무리 캄캄한 밤이라도 길 되신 예수님만 계시면 어디든지 갈 수 있다.

나이를 먹고 철이 조금 들어 지나온 세월을 돌아보니 후회되는 일이 한둘이 아니다. 그동안 안 보여서, 또는 못 봐서 지나쳤던 일들이 비로소 눈에 들어오기 시작한다. 아는 만큼 보이고,

생각하는 만큼 깨닫게 된다. 깨닫고 보면 평소에 보지 못한 인생의 이면이 보인다. 대체로 인간은 자기가 잘나갈 때나 높은 자리에 올라있을 땐, 어려움에 처해있거나 고통당하는 주위 사람이 잘 안 보인다. 마음이 없어서도 안 보이지만, 마음이 어두워져도 안 보인다.

뒤늦게 철이든 까닭일까. 왜 이제야 이런 생각이 드는 것일까? 유한한 인생 길어봐야 100년인데 좀 늦더라도, 좀 더디더라도 인생을 관조하고 주변을 돌아보며 살고 싶다.

도시락 편지의 릴레이 사랑

두 딸은 대조동에 있는 D여고에 다녔다. 공교롭게도 남편이 운영하는 사업장이 학교 정문을 마주하고 있었다. 나는 당시 3학년과 1학년에 다니고 있던 딸아이들 도시락 가방 속에 꼭 손편지를 써서 넣어 주었다.

"오늘도 파이팅!"

"시험지 앞에 놓고 하나님께 지혜 구하기"

"까칠한 친구 사랑으로 보듬기"

"배려하고 손해 보기"

겨울이면 따끈한 도시락을 시간 맞춰 학교 수위실에 맡겨 놓았고, 아이들은 그 도시락을 찾아가서 엄마의 사랑을 먹었다.

많은 세월이 흘렀다. 결혼한 자식도 있고, 아직 결혼하지 않은 자식도 있다. 언제부터인가 아이들이 어미의 생일이나 어버이날이 되면 꼭 손편지를 보내온다. 요즘 같은 세상에 이메일도 있고, 스마트폰을 이용한 문자 보내기도 있는데, 왜 손편지를 택하느냐고 물으니 어릴 적 '엄마의 도시락 편지'에 영향을 받은 때문이란다.

둘째 딸은 대학 2학년 딸을 둔 엄마이자 초등학교 교사이다. 2018년 어버이날에 '내가 엄마를 사랑하는 이유 26가지'라는 제목으로 손편지를 보내왔다.

1. 나의 하나 뿐인 소중한 엄마여서 사랑합니다.
2. 내가 힘들 때 나보다 더 마음 아파하며 기도해 주시는 엄마 사랑합니다.
3. 엄마가 곁에 계셔서 손녀 혜리가 이렇게 잘 자랐습니다. 혜리 위해 엄마인 저보다 더 많은 기도와 사랑을 주시는 엄마, 사랑합니다.
4. 어릴 때부터 가정예배를 통하여 기도의 힘을 체험하게 해주신 엄마를 사랑합니다.

5. 학교 다닐 때 공부! 공부! 스트레스 주지 않으시고 항상 칭찬과 격려로 힘을 주신 엄마 사랑합니다.

6. 어릴 때 집을 나섰다가 길을 잃어버린 저를 찾느라 발톱에 피멍이 드신 엄마 사랑합니다.

7. 고등학교 다닐 때 늘 따끈한 도시락과 더 따뜻한 쪽지를 함께 넣어주신 엄마 사랑합니다.

8. 넉넉하지 않는 살림 속에서도 저희 삼남매를 잘 키워 주신 엄마 사랑합니다.

9. 비싸지 않은 옷이나 액세서리도 뛰어난 미모와 코디 실력으로 명품처럼 소화하시는 엄마 사랑합니다.

10. 영화를 보면서 웃기도 잘 하시고, 울기도 잘 하시고, 감동받아 박수도 잘 치시는 감성이 풍부한 엄마를 사랑합니다.

11. 제가 만든 반찬을 맛있게 드시는 엄마 사랑합니다.

12. 저 살기에 벅차 좋은 것 사드리지 못하는데 작은 것도 좋아해 주시고 기뻐하며 받으시는 엄마 사랑합니다.

13. 삶의 고비 고비에서 포기하지 않으시고 지금까지 씩씩하게 이겨내신 엄마 사랑합니다.

14. 어떤 모임에서도 두각을 나타내며 존재감 뿜뿜~ 하시는 열성적인 엄마 사랑합니다.

15. 늦은 나이에 신학을 시작하셨지만 그 누구보다 열심히 공부하

시고 논문상까지 받으신 엄마 사랑합니다.

16. 언제나 책을 손에서 놓지 않으시고 나이 들어 책을 오래 보면 눈이 아픈 게 가장 슬프다는 엄마의 열정을 사랑합니다.

17. 교회에서 반찬을 하시면 꼭 챙겨서 갖다 주시는 엄마 사랑합니다.

18. 20대 손녀딸과 영화도 보시고 대화도 잘 통하는 젊은 할머니인 엄마~ 사랑합니다.

19. 속상한 일이 있을 때 친구처럼 털어놓을 수 있는 엄마 사랑합니다.

20. 전도가 어려운 이곳에서 주님만 바라보며 18년 목회를 하신 엄마 자랑스럽고 사랑합니다.

21. 없는 것보다 주신 것에 감사하시는 엄마 사랑합니다.

22. 스피디한 요리 실력과 솜씨를 물려주신 엄마 사랑합니다.

23. 통통한 하체를 물려주셔서 어린 날엔 속상했지만 이 또한 감사하고 사랑합니다.

24. 청소에 약한 저를 위해 종종 우렁 각시가 되어 주시는 엄마 사랑합니다.

25. 지금까지 제 곁에서 든든한 버팀목이 되어 주시는 엄마 사랑합니다.

26. 엄마 딸로 태어나지 않았으면 신앙을 갖지 못했을 것 같은 깍

쟁이인 저를 믿음으로 키워주셔서 감사하고 사랑합니다.

큰딸은 늦은 나이에 동갑내기 총각을 만나 결혼했다. 지금은 알콩달콩 재미있게 살고 있다. 둘은 만난 지 4개월 만에 결혼하고, 4개월 후에 같은 날 목사 안수를 받은 목사부부다. 그 사위가 우리 집 가풍을 보고 자기도 어버이날에 손편지를 보내왔다.

사랑하고 존경하는 장모님께!
애란 씨와 결혼하고 처음 맞는 어버이날에 감사 편지를 드립니다. 장모님을 처음 만났을 때를 기억합니다. 무척 긴장된 마음으로 나갔던 맞선 자리에서 장모님은 너무나 편안하게 대해 주셨습니다. 그리고 지금까지 그때처럼 한결같이 저를 대해 주셨고, 제가 실수하고 부족해도 응원해주시고고, 사랑으로 감싸주셨습니다.
부족한 저에게 결혼을 허락해 주시고 가정을 이루게 해주셔서 감사드립니다. 장모님이 걱정하는 일이 없도록 애란 씨를 많이 사랑하고 행복한 가정을 이루며 살겠습니다.
장모님! 사랑합니다.

사위는 편지 뒤에 "장모님을 생각하며 시 한 편을 썼습니다"라는 추신과 함께 다음의 자작시 한 편을 보내왔다.

나의 장모님

귀한 가정을 이루시다가
주님의 부르심을 받은 후
한 번도 뒤돌아보지 않고
사명의 길을 걸어오셨습니다.
남모르게 흘리셨던 눈물이
강을 이루는 이 길이었지만

나를 위해 말없이 십자가 지신
주님을 생각하면
흐르던 눈물은 어느새 감사가 되고
그 감사의 향기로 위로를 받으셨습니다.

언제나 가족보다
성도들을 먼저 생각하시고
상처 받은 성도들을 가슴에 품고
이들의 상처를 치유해 달라고
주님께 무릎 꿇으셨습니다.

주님 일을 하시느라
가진 것이 없어도
늘 당당하셨지만
주님 보시기에
부끄럽지 않은 종이 되고자
늘 두려운 마음으로
한 땀 한 땀 주님의 나라를 이루셨습니다.

오늘도
미소 짓는 주님을 생각하며
겸손하게 이 길을 가십니다.

도시락 편지는 사랑의 끈이 되어 대代를 이어갔다. 어느 날 손녀딸 혜리가 할머니에게 손편지를 보내왔다.

할머니 안녕하세용. 할머니의 손녀 혜리예요. 시간은 슉슉 빠르게 지나가서 벌써 제가 20살이 되었네요. 아기 때부터 기도로 저를 키워주신 할머니. 할머니의 기도는 제 삶의 든든한 나무였답니다. 할머니가 저를 위해 기도한다는 그 사실이 고3 때 정말 큰 힘이 되었어요. 아직 방 청소와 정리정돈에 취약한 저이지만, 이제 깔끔한

숙녀가 되기 위해 노력하겠습니당.ㅋㅋ

예사랑교회 목사님으로, 세 자녀를 둔 어머니로, 한 아이의 할머
니로 숨가쁘게 살아오신 할머니. 할머니가 그동안 하나님 말씀에
순종하며 눈물로 뿌린 씨앗들이 결코 헛되지 않을 거라고 믿습니
다. 비록 여기서 부자는 아니지만 천국에서 할머니의 집은 무지
클 것 같아요. 수영장도 있고. 룰루~~~

할머니가 계신 이 가정에 저를 보내주신 하나님께 늘 감사드린
답니다. 할머니 손녀여서 저는 너무너무 행복해요.ㅎㅎ
그리고 할머니! 할머니는 안 된다고 손사래를 치시지만, 저 결혼
할 때도 지금처럼 꼭 함께 계셔야 해요. 건강 잘 챙기시고요. 그래
야 저랑 여행도 다니지요.

할무이! 사랑합니다. 많이~ 아주 많이요~~

내가 아이들에게 도시락 편지를 쓰게 된 이유는 내 자녀를 사
랑했기 때문이다. 플라톤의 말처럼 "사랑하면 누구나 시인이 된
다"고 했다. 사랑처럼 우리를 충만하게 만드는 것은 없다. 사랑
하면 우리 안에 감춰진 시가 쏟아져 나온다. 감춰진 사랑의 언어

가 춤을 추기 시작한다. 사랑하는 아버지가 아들에게, 사랑하는 어머니가 딸에게 쓰는 글은 모든 자녀들의 가슴에 와닿는다. 사랑으로 쓴 글이기 때문이다.

목회가 힘들 때, 성도들이 목사의 진심을 몰라줄 때, 환경이 팍팍해서 모든 걸 내려놓고 싶을 때… 서재에 곱게 보관해둔 아이들의 손편지를 하나하나 읽어 내려가다 보면, 어느새 내 얼굴에는 미소가 번지고 근심 걱정은 눈 녹듯이 사라진다.

세상이 아무리 험악하게 변해간다 해도 사랑은 여전히 우리 곁에 남아 있다. 어둠 속에서도 불빛 속에서도 변하지 않는 게 사랑이다. 도시락 편지는 대를 이은 사랑이었다.

한 알의 밀이 땅에 떨어져

교회 옆 텃밭으로 인해 톡톡히 재미를 보았다. 초봄에 상추, 고추, 가지, 방울토마토, 호박을 심었다. 어떤 것은 씨앗을 심고 어떤 것은 모종을 심었다. 농사에 경험이 없는 나를 대신하여 팔순이 넘은 박 집사님이 새벽마다 풀도 뽑아 주시고 잘 가꾸어 주셔서 교회 식탁이 풍성하다. 상추쌈, 가지나물, 고구마순 볶음, 호박잎쌈 등 어릴 적 추억이 깃든 음식들이어서 특히 더 좋다.

예수님께선 "내가 진실로 진실로 너희에게 이르노니 한 알의 밀이 땅에 떨어져 죽지 아니하면 한 알 그대로 있고 죽으면 많은 열매를 맺느니라"(요12:24)고 하셨는데, 내가 뿌려놓은 씨앗이 죽어서 식탁이 풍성하게 되었다.

마찬가지로 나는 우리 가정에 한 알 복음의 밀알이다. 난 아무도 예수를 믿지 않는 가정에서 제일 먼저 예수를 믿었다. 처녀 시절 친구 따라 교회에 다녔지만, 양육해주는 사람이 없어 믿음이 뿌리를 내리지 못했다. 더구나 할머니의 반대가 심했다. 제사 지내는 집안에서 예수 믿는 사람이 있으면 집안이 망한다고 싫어하셨다.

"저승에 갔다 온 사람의 말을 들으니, 제사를 잘 지내는 가정의 조상은 잘 얻어 먹어서 얼굴이 뿌옇게 살이 쪘는데, 예수쟁이 집 조상은 못 얻어 먹어서 삐쩍 말라 있더라"고 하시면서 교회 가는 걸 극구 반대하셨다. 그렇게 반대하시던 할머니가 세상을 뜨시고 난 결혼해 서울로 왔다. 결혼 초에는 믿지 않는 남편 따라 주일에 등산을 갔다. 그런 나를 하나님은 내치지 않으시고 환난과 연단을 통해 다시 주님 앞으로 불러 주셨다. 그때 비로소 주님을 인격적으로 만났다.

그 환난과 연단은 요즘 아이들의 말로 장난이 아니었다. 유복한 가정에서 자란 남편은 유약한데다 경제관념도 없었다. 게다가 어려움이 닥치면 내 뒤에 숨어 버렸다. 수없이 이혼을 꿈꾸었다. 그러나 어린 자식들을 보면서 참고 또 참았다. 믿음의 조상을 둔 교인들을 늘 부러워했던 나였다.

그때 난 결심했다. 내 후손들이라도 믿음으로 잘 양육해야겠다고 마음먹고 아이들이 어릴 때부터 저녁마다 가정예배를 드렸다. 이제 돌아보니 그것이 정말 잘한 일인 것 같다.

예수를 영접하고 어느덧 50년의 세월이 흘렀다. 그러고 보니 이제 내 나이 칠순 고개를 넘었다. 인간이 해내고 치르고 겪고 하는 많은 일 중에서 마무리만큼 중요한 일이 또 있을까. '끝이 좋아야 다 좋다'는 격언처럼 '유종의 미'를 거둘 때가 온 것 같다. 머지않아 하나님 앞에 설 때 내가 주님을 위해 심어놓은 복음의 씨가 죽었는지 살았는지 살필 일이다.

그동안 눈물로 심은 복음의 씨앗이 죽어 많은 열매가 맺혔으니 참으로 감사하다. 환난과 연단을 통해 나를 주의 종으로 부르시고, 남편을 장로의 반열에 세우시고, 사촌동생이 침례교 목사이고, 딸과 사위가 목사이다. 또 내가 목회하면서 양육한 집사님 내외는 지금 필리핀에 선교사로 나가 있다. 그 외에 친척 권속들이 장로로, 권사로, 집사로 하나님의 교회에서 헌신하고 있다. "눈물을 흘리며 씨를 뿌린 자는 기쁨으로 거두리로다"(시126:5)라고 했는데, 그 눈물이 헛되지 않음에 감사한다.

아이러니한 것은 주위의 친척 권속들은 거의 예수를 믿는데 유독 내 사랑하는 동생 삼남매가 아직도 주 앞으로 돌아오지 않았다. 그것이 아마 내 마지막 기도 제목인 것 같다. 어쩌랴. 예수님도 자기 고향에서는 인정을 받지 못하지 않았는가.

내 생애 여정에 환난과 연단이 없었다면, 이렇게 치열하게 믿음으로 살아왔을까. 고통을 좋아하는 사람은 아무도 없다. 하지만 고통 속에 하나님의 뜻이 담겨 있다. 또한 하나님은 어둠 속에서 생명을 자라게 하신다. 어머니의 자궁 속은 어둡다. 그 어두운 자궁 속에서 생명이 자라게 하신다. 우리 삶에 좋은 시절도 어려운 시절도 있겠지만, 결국 좋은 삶이란 좋은 시절로만 이루어진 게 아니라, 그 모든 순간들이 어우러져 숨겨졌던 의미가 드러나는 삶일 것이다. 삶은 장점과 성공과 도약으로만 완전해지는 게 아니라, 결함과 실패와 추락을 껴안음으로써 완전해지는 법이니까.

나를 빚어 가시는 하나님

"정 목사님! 제 2탄이 나왔습니다. 삼천만 원짜리 주스."

교단 신문 '기독교중앙뉴스' 편집국장이신 한 목사님께서 전화를 주셨다. 지난번 신문에 게재된 칼럼 '격변의 세월 속에서'에 이어 두 번째 글이 실린 셈이다. 내 글이 세상에 얼굴을 내민 순간이기도 하다. 성경에 "사람이 마음으로 자기의 길을 계획할지라도 그의 걸음을 인도하시는 이는 여호와시니라(잠16:9)"라는 말씀이 있다. 이와 같이 하나님께서 인생을 빚어 가시고 이끌어 가시는 걸 보면 참으로 오묘하기만 하다.

앞서 언급했듯이 어릴 적 나의 꿈은 작가가 되는 것이었다. 그러나 하나님께서는 나를 그 길로 이끄시지 않고 간호사라는 직업을 통해 아픈 사람들의 육신을 치료하는 의료인의 삶을 살게 하셨다. 인생 중반기에는 인간의 영혼을 돌보는 목회자로 살게 하시더니, 이제 인생 끝자락에 와서는 어릴 적 꿈인 글 쓰는 일을 하게 하신다.

"편집국장님! 사람들이 흉이나 보지 않을까요?"

"아닙니다. 목사님! 전문가의 글처럼 매끄럽진 않아도 목사님의 글에는 감동이 있습니다. 계속 써 보십시오."

나의 부족한 글이 세상에 얼굴을 내민 것이 부끄럽기도 하고 신기하기도 해서 몇 분의 성도들과 여동생에게 소감을 물었다. 그러자 여동생이 가장 먼저 메아리를 보내왔다.

"그동안 원고지를 산더미처럼 쌓아 놓더니 드디어 해냈군요. 입버릇처럼 글을 쓰고 싶다 하시더니 소원을 이루었네요. 그 글

속의 시대 배경을 짚어보니 나는 어머니 뱃속에 있었더라고요."

또 성도 몇 분은 그 칼럼 뒤에 댓글을 남기기도 했다.

"목사님의 삶이 담긴 글에서 인생을 오래 살아오신 지혜와 연륜이 느껴집니다. 어지러운 세상에 하나님의 말씀을 삶에 적용하며 살아가시는 목사님 같은 분들이 많아졌으면 하고 기도해 봅니다."

"목사님의 글을 대하고 보니, 풍요 속에 살면서 자족할 줄 모르고 산 제 모습이 문득 부끄러워졌어요."

지난 70여 년의 생애 여정을 돌아보니 굽이굽이 눈물 골짜기도 많았지만, 그때마다 하나님은 항상 함께해 주셨다. 젊어선 내가 원하는 길이 아니라고 하나님께 투정도 부렸지만, 지나고 보니 하나님께선 내게 가장 어울리는 방법으로, 최선의 길로 인도해 주셨음을 깨닫게 된다.

이제 인생의 숙제들을 어느 정도 마친 지금 이후부턴 주변을 곱게 물들이는 저녁노을처럼 여유를 갖고 주위를 돌아보면서 어릴 적 꿈인 글쓰기에 전념하려 한다. 그래서 후회와 아쉬움이 남지 않는 생으로 마무리하고 싶다. 물론 하나님의 뜻 안에서 말이다. 그것이 나를 조성하시고 빚어 가시는 하나님의 뜻인 걸 이젠 조금 알겠다.

"네 길을 여호와께 맡기라 그를 의지하면 그가 이루시고 네 의를 빛같이 나타내시며 네 공의를 정오의 빛같이 하시리로다."(시 37:5-6)

제 십일 시의 포도원 품꾼

마태복음 20장에는 포도원 품꾼의 비유가 나온다. 이 비유를 읽다보면 그 당시 유대인의 풍습과 다른 점을 볼 수 있다. 왜냐하면 당시에 포도원 주인이 직접 나가서 품꾼을 찾는 것은 썩 일상적이지 않기 때문이다. 그 시대엔 주인에게 청지기가 있기 때문에, 일꾼을 구하는 것은 청지기의 몫이었다.

그런데 본문에 보면 주인이 다섯 번이나 품꾼을 구하러 나갔다고 했다. 또한 삯을 지불할 때 일찍 온 순서대로 지불했으면 불평이 나오지 않았을 텐데, 주인은 청지기에게 나중에 온 자부터 삯을 주라고 지시한다. 특히 먼저 온 품꾼이 불평하자 '내가 선함으로 네가 악하게 보느냐'라고 말씀하신다. 전체적인 맥락을 볼 때, 이 글의 주인공은 품꾼이라기보다 포도원 주인임을 알 수 있다. 그 포도원 주인은 바로 예수님이시다.

나는 오십대 초반에 주님의 포도원 품꾼으로 들어왔다. 성경대로라면 제 십일 시이다. 한 시간 밖에 남지 않았는데 주님은 나를 부르셨다. 얼마나 큰 은혜인가. 한 시간밖에 일하지 않았음에도 아침 일찍부터 온 자와 똑같이 삯을 준 것은 주님의 한량없는 은혜이다. 이로 보건대 보상의 순서를 정하는 건 철저히 주인의 주권에 속한다. 다섯 번이나 품꾼을 찾아 나서서 초청하는 주인의 열정적인 행동과 긍휼의 마음은 우리로 향한 주님의 마음이다.

제 십일 시에 주님의 포도원에 부름을 받은 나는 주님이 공급해주시는 만나와 메추라기를 먹으며 그분 안에서 만족하며 살고 있다. 어차피 빈손으로 이 땅에 왔기에, 또한 빈손으로 갈 인생이 아니던가. 주님은 '나중 된 자로서 먼저 되고 먼저 된 자로서 나중 되리라'고 말씀하시면서, 제 십일 시의 포도원 품꾼을 위로하신다. 사도 바울은 나중 되었지만 이방에 복음을 전하는 하나님의 큰 그릇으로 사용되었으며, 주님 옆 십자가에 달린 강도는 죽기 직전에 구원을 받으므로 낙원에 들었다. 끝까지 버리지 아니하시고 주님의 포도원에서 쓰임 받게 하신 주님께 영광을 돌린다.

쓰임 받는다는 것

교회를 개척해서 18년을 사역한 뒤 후임 목사에게 담임목사직을 승계하고 물러났다. 내 딴에는 이제 여행도 좀 하고, 읽고 싶었던 책도 실컷 읽고, 글도 쓰면서 여유 있는 노후를 보내고 싶은 바람이 있었다. 그런데 은퇴 2개월을 앞두고 교단측으로부터 경기지역 부총회장을 맡아 달라는 제의를 받았다. 많이 고민됐다.

단번에 거절할 수도 있었으나, 교단이 지금 어려움에 봉착해 있음을 알기에 생각이 많아졌다. 편안하고 문제가 없을 때는 얼마든지 일할 사람이 있지만, 어려울 땐 다들 회피한다. 내가 안수 받은 교단인데 나 몰라라 할 순 없었다. 하여 어렵사리 승낙을 하고 보니 담임목사로 사역할 때보다 더 힘들다. 장롱면허인지라 대중교통을 이용하여 먼 거리를 월요일마다 갔다 오고, 또 매주 목요일엔 글쓰기 교실에 나가다 보니 편도선이 자주 부었다. 이비인후과에 갔더니 의사 선생님이 내게 인사하듯 농담을 건넨다.

"목사님, 차라리 담임목사 때가 더 낫지 않나요?"

딸들도 "왜 고생을 사서 하느냐?"고 퉁명스럽게 말한다. 지난번 교단 창립일에는 성찬위원장을 맡아 많은 주의 종들 앞에서 성찬예식을 집례하느라 신경을 썼더니 그만 몸살이 났다.

교회 성도 중에 두 분이 요양병원에 입원해 계신다. 원로목사를 보고 싶다고 해서 며칠 전 요양병원으로 심방을 갔는데, 거기에 계시는 분들을 보니 살아 있으나 살아 있는 게 아니었다. 그 병원엔 나보다 훨씬 젊은 분도 입원해 있었다. 그 모습을 보니 뭔가 할 일이 있고, 내 발로 다닐 수 있는 것만으로도 하나님께 감사의 기도가 절로 나왔다.

'하나님, 쓰임 받게 해주셔서 감사합니다.'

예수께서 예루살렘 가까이 이르렀을 때, 두 제자를 불러 심부름을 보냈다. "맞은편 마을로 가면 나귀와 나귀 새끼가 함께 있는 것을 볼 것이니 풀어서 끌고 오라. 누가 '왜 그러느냐'고 물으면 주가 쓰시겠다고 말하라"고 구체적으로 일러주셨다. 종려주일 기간이면 늘 읽어오던 말씀인데, 오늘 따라 이 말씀이 절절히 마음에 와닿는 연유는 무엇일까? 미물의 짐승도 주께서 쓰실 것을 구별해 놓으셨는데, 하물며 하나님의 형상으로 지으신 인간을 주님이 쓰시는 자로 구별해 놓으시고 '너는 내 것이라 내가 너를 지명하여 불렀다'고 하시며 사용해 주신 은혜에 어찌 감사하지 않으리오. 나는 오늘도 기도한다.

"하나님, 늙어서 없어지지 말고 주께 쓰임 받다가 닳아서 없어지게 해주십시오"

주님이 인정 하시는 목회자는?

나상만 성도는 2년 전에 우리 교회에 등록한 성도다. 60대 후

반의 키가 크고 깡마른 몸에 지팡이를 짚고 교회에 오시는 남자 성도님이시다. 주일 예배를 드리고 점심식사를 하고 나면 "목사님, 다음 주일에 오겠습니다"라고 깍듯이 인사를 하고 가는 독거남이다. 나는 그를 불러 세워 교회 반찬을 몇 가지 싸서 손에 들려 보내곤 했다. 불편한 몸으로 가족 없이 혼자 사는 삶이 많이 안타깝고 안쓰러웠다.

그런데 지난해 9월 병원에 입원을 한다고 연락이 왔다. 문병을 갔더니 위암 초기라서 수술을 해야 한다고 했다. 가족이 없으니 교회에서 모든 수발을 했다. 첫 수술을 시작으로 그 성도님은 네 번의 수술을 하게 되었다. 위암 수술 후 갑자기 배가 아파서 검사를 하니 장이 유착되어서 장 수술을 받았다. 얼마 있지 않아 얼굴에 황달이 심하게 와서 또 수술을 받았다. 그렇지 않아도 마른 몸이 이제 체중이 너무 빠져 40kg이 조금 넘는다고 했다. 교회에 성도님의 어려운 상황을 알리고 광고를 해서 십시일반 구제헌금으로 필요한 것을 조달했다. 병 수발할 가족이 없으니 요양병원에 입원을 했다.

설상가상으로 코로나19 전염병까지 번져 면회도 마음대로 갈 수 없었다. 그러던 어느 날 요양병원에서 연락이 왔다. 이번에는 화장실에서 주저앉는 바람에 고관절이 부러졌다고 한다. 그 성도님은 문병 온 교회 식구들을 보자마자 울며 한탄했다.

"목사님, 왜 나한테만 이런 불행이 오는지 모르겠어요."

통곡하는 그를 위로하며 주의 종들도 같이 울었다. 너무 짧은 시간에 수술을 여러 차례 했기에, 고관절 수술은 안 하면 안 되겠느냐고 의사 선생님께 물었다. 그런데 뼈가 날카롭게 부러져서 움직일 때 부러진 뼈가 고관절 주위에 있는 동맥을 건드리면 과다 출혈로 환자의 생명이 위험하다고 했다. 선택의 여지없이 또 고관절 수술을 받았다. 수술 후 며칠 동안은 미음을 먹었는데, 이제는 입으로 삼키지 못하고 관으로 영양액을 주입하기에 이르렀다.

한번은 담임목사와 부목사가 문병을 갔을 때 이런 말을 했다.

"목사님, 제가 기초 수급자이기 때문에 매달 쌀이 저의 방에 배달되어 있을 것입니다. 그걸 교회 성미로 드리게 해주십시오."

병원에 입원한 지가 7개월째다 보니 성도님 방에는 쌀 일곱 자루가 놓여 있었다. 그중에 두 자루로 떡을 했다. 마침 가정의 달을 맞이해서 나상만 성도가 성도들에게 감사해서 떡을 하셨다고 광고를 하고 나누어 먹었다. 우리 교회에서 가장 어렵고 힘든 성도가 보낸 쌀로 귀한 섬김과 나눔을 한다는 것이 너무 놀랍고 감사했다.

그 후 성도님의 생명이 얼마 남지 않은 것 같다고 연락이 왔다. 담임목사는 성도님에게 구원의 확신을 심어주기 위해 달려

갔다. 그리고 물었다.

"예수님께서 성도님을 위해 십자가에 달리심으로 성도님의 죄가 사함 받은 것을 믿습니까?"

"네, 믿습니다!"

"지금 하나님이 부르셔도 천국에 가실 것을 확신하십니까?"

"아멘, 확신합니다!"

나상만 성도님의 고백을 들으니 마음이 놓였다. 하나님께 감사했다. 성도님은 며칠 후 하나님의 부름을 받았다. 병원에 도착한 목사를 보고 저쪽에서 일하던 간호사가 달려와서 말했다.

"나상만 환자가 꼭 전해드리라고 했습니다."

"무엇을요?"

"예사랑교회 목사님들과 성도님들께 너무 고마웠다고요."

주일 예배 시간에 담임목사님이 이 말을 성도들에게 전해 드렸더니 성도들은 모두 흐느꼈다. 얼마나 외로웠을까 하면서.

우리는 혹여 성도님이 천국 가시다가 뒤돌아보실까 해서 고인이 살던 방을 깨끗이 청소하고 왔다. 목사 부부가 청소하면서 보니 입원하기 전에 먹었던 미처 설거지도 하지 못한 밥그릇 하나, 국그릇 하나, 수저가 개수대에 가지런히 있는 것을 보았다고 했다. 그리고 그렇게 오고 싶어 했던 집에 다시 오지 못하고 돌아가신 걸 생각하니 너무 가슴이 먹먹해서 한참을 서서 울었다고 했다. 그 얘길 전하며 눈시울이 붉어진 담임목사 부부에게 말했다.

"너무 안타까워 할 것 없다. 성도님은 어렵고 힘들게 이 세상을 사셨지만, 예수님 믿고 천국 가셨잖니. 그리고 성도님의 마지막 시간에 조금이라도 도움을 드릴 수 있었음에, 예수님의 동역자로 사용되고 있음에 감사하거라. 예수님의 목회도 가난한 자, 소외된 자, 병든 자, 과부와 고아를 돌보는 일이었잖니? 분명 주님이 기뻐하실 거야."

세상은 큰 건물의 교회에 많은 성도들을 모으면 성공한 목회자라고 인정한다. 그러나 주님은 '즐거워하는 자들로 함께 즐거워하고 우는 자들로 함께 우는'(롬12:15) 목회자를 '찐 목회자'로 인정하신다. 성도들과 눈높이를 같이 하며, 그들과 공감하고, 고락을 함께 하는 목회자. 그런 목회자를 주님은 오늘도 찾고 계시고 기뻐하시리라 확신한다. 하여 나는 그러한 주의 종으로 익어가고 싶다는 소망을 아뢰며, 오늘도 감사로 한 발을 옮겨 놓는다.

누가만 남았다

"관제와 같이 벌써 내가 부음이 되고 나의 떠날 기약이 가까웠도다. 내가 선한 싸움을 싸우고 나의 달려갈 길을 마치고 믿음을 지켰으니 이제 후로는 나를 위하여 의의 면류관이 예비 되었으므로 주 곧 의로운 재판장이 그 날에 내게 주실 것이니 내게만 아니라 주의 나타나심을 사모하는 모든 자에게니라."(딤후4:6-8)

위대한 복음 전도자 사도 바울은 인생 말년에 이렇게 선포한 후 디모데에게 사사로운 부탁을 합니다.

"너는 어서 속히 내게로 오라 데마는 이 세상을 사랑하여 나를 버리고 데살로니가로 갔고, 그레스게는 달마디아로 갔고, 누가만 나와 함께 있느니라."(딤후4:9-11)

현역 목회를 접고 나니 이 구절이 절절히 마음에 와닿는다. 여기에서 '데마도 갔고, 그레스게도 갔고'라는 말 속에 바울의 외로움을 엿볼 수 있었다. 목회 여정 가운데 목회자에게 눈이라도 빼어 줄 것처럼 충성하던 사람이 어느새 마음이 변하여 교회를 떠나는 모습을 볼 때 바울의 마음이 십분 이해가 되었다.

다 떠나고 바울 곁엔 누가만 남았다고 한다. 그렇다면 내게 있어 누가는 누구일까? 바로 내 가족이다. 성도는 다 떠나도 가족은 남는다. 제일 큰 투자는 가족 구원이다. 가족을 흔들리지 않는 믿음의 일꾼으로 세워야 한다. 나는 아무도 믿지 않는 가정에서 제일 먼저 예수를 믿었기 때문에 목회가 참 힘들었다. 그러나 이제 나로부터 3대가 믿음으로 이어졌다. 아들, 딸, 손녀에 이르기까지 믿음의 가문이 되었다.

사위가 가져다 준 《교회와 이단》이란 책을 읽다가 안타까운 마음이 들었다. 한국 교회에서 명성 높은 어느 목사님(지금은 고인이 되셨다)의 아들이 《야고보를 찾아서》와 《신의 변명》이라는 책을 썼는데, 하나님의 말씀을 사정없이 짓밟는 내용들이었다. 예수님은 하나님의 아들이 아니며, 십자가에서 대속제물이 되신 것은 더욱 아니란다. 십자가를 하나님의 구원 사건으로 믿는 기독교는 바울이 조작해서 만들어낸 거짓 종교라고 주장하고 있었다.

하나님의 말씀과 교회를 조롱하는 글을 읽고 마음이 너무 아팠다. 아버지 목사님은 일생 동안 복음을 전하고 교회를 부흥시키고 한국 교회에 큰 업적을 세웠지만, 가족 구원에는 실패한 목사님이었다.

이와는 반대로 가족 구원에 성공한 목사님의 가문에 대한 이야기도 있다. KBS에서 '미국 명문가 위대한 유산의 비밀'이라는 제목의 방송을 한 적이 있었다. 주인공은 250년 전 노스템프턴 교회에서 목회했고 미국 대 각성 운동을 주도했던 조나단 에드워즈 목사님이었다. 조나단 목사님으로부터 8대에 거쳐 내려오면서 부통령이 1명, 주시자가 3명, 대학총장이 13명, 인구 6백만 이상의 대도시 시장이 3명, 장차관이 82명, 변호사 149명, 판검사가 48명, 의사는 68명, 대학교수가 65명, 세계적인 사업가가 75명, 뛰어난 발명가가 25명, 그리고 목사 116명을 배출했다고 한다.

방송의 요지는 '무엇이 이 가문을 이처럼 위대한 가문으로 만들었을까?'를 찾아보는 것이었다. 기자가 노스템프턴 교회의 현재 담임목사님을 인터뷰했는데, 그 목사님이 답하기를 "조나단 목사님으로부터 시작된 신앙의 유산 때문"이라고 말했다. 신앙의 유산이 가문 대대로 흘러갔기 때문에 위대한 가문이 될 수 있었다는 것이다. 이 가문에서는 예일대학 총장도 나오고 예일대학 교수도 나오고 수십 명이 예일대학을 졸업했다. 예일대학 내에서도 조나단 연구센터를 세워서 가문의 비밀을 연구했는데, 그 연구 결과도 '신앙의 유산'이었다고 한다.

조나단 목사님은 자녀들에게 성경을 제대로 읽히기 위해서 히브리어와 헬라어 그리고 라틴어까지 가르쳤다. 자녀들은 아침 일찍부터 부모가 마주앉아 예배드리는 모습을 보며 자랐고, 저녁식사를 마치면 그 부부는 어김없이 자녀들을 불러 모아 가정 예배를 드렸다. 자녀들은 매일같이 믿음을 실천하는 부모의 모습을 보았고, 그들로부터 믿음의 유산을 물려받았다. 그 자녀들도 성인이 되어 가정을 일구자 자기들이 보았던 대로, 부모에게 물려받은 유산대로 믿음을 실천했다. 그 믿음의 유산이 8대에 걸쳐 흘러가게 되었고, 그 결과 오늘날과 같은 위대한 가문을 이루게 되었다는 것이 방송의 결론이었다.

　나의 삶과 죽음은 내 후손들에게 어떤 영향을 미칠 수 있을까? 영원한 나라 천국이 있다는 사실을 일깨워 주어야 한다. 나의 후손들이 어미의 삶을 보고 천국을 바라보며 살도록 아름다운 신앙 유산을 물려주어야 한다. 나로부터 시작된 신앙의 유업이 대대손손 번성하길 간절히 소망하며 기도한다.

6

설교 노트

하나님이 기뻐하시는 선택

말씀: 창세기 13:8-13

인생은 선택입니다. 인생을 살다보면 무수히 많은 사건들을 만나게 되고 그때마다 우리는 선택을 해야 합니다. 선택은 자유와 특권이기도 하지만, 동시에 책임이 되기도 합니다. 무엇을 하나 선택한다는 것은 다른 것을 포기하는 것입니다. 선택하는 순간 삶이 결정되기 때문입니다. 여기에 인간의 고민이 있습니다.

좋은 선택을 해서 행복할 수도 있지만 잘못된 선택을 해서 불행에 빠질 수도 있습니다. 모두가 좋은 선택을 할 수 있으면 좋겠지만 그럴 수 없는 것이 인간의 한계입니다. 우리 주변을 보면 좋은 선택을 해서 행복한 사람들보다 잘못된 선택으로 후회하는 사람들이 많습니다.

이러한 선택의 문제가 신앙인에게도 예외일 수는 없습니다. 신명기 30:19절은 "내가 오늘 하늘과 땅을 불러 너희에게 증거를 삼노니 내가 생명과 사망과 복과 저주를 네 앞에 두었은즉 너와 네 자손이 살기 위하여 생명을 택하고"라고 말씀하십니다. 오늘 본문의 사건은 바른 선택과 그 결과가 어떤 미래를 가져오느냐를 보여주는 아주 중요한 말씀입니다.

하나님의 부름에 따라 빈손으로 가나안에 온 아브라함은 살림이 커져서 도저히 현재 지역에서는 살 수 없는 지경이 되었습니다. 아브라함은 행복한 고민에 빠졌습니다. 형님 하란의 아들 롯을 데리고 나와 시작한 삶이었지만, 하나님이 아브라함에게 복을 주심으로 롯도 동시에 복을 받게 되었습니다. 아브라함과 롯은 살림이 커지다 보니 가축들을 먹일 초원과 물이 부족해졌습니다. 그리고 아브라함의 종들과 롯의 종들이 가끔 다투기까지 합니다. 이제 서로 분가하지 않으면 살 수 없을 정도로 살림이 커졌습니다. 그런데 후일에 이 선택으로 한 사람은 비극적 종말을 맞고, 한 사람은 가장 복된 결과를 낳게 됩니다.

1. 먼저 롯의 선택입니다.

아브라함은 조카 롯에게 먼저 선택권을 주었습니다. 9절에는 "네가 좌하면 나는 우하고 네가 우하면 나는 좌하리라"라고 씌어 있습니다. 쉽게 말해 네가 왼편 땅을 택하면 나는 오른편 땅을 택할 것이고, 네가 오른편 땅을 택하면 나는 왼편 땅을 택하겠다는 뜻입니다. 그런데 일말의 양심도 없는 롯은 아비 없는 자신을 이곳까지 데려와 키워주고 부유하게 만들어 준 삼촌에게 말로라도 양보 한번 하지 않고 먼저 선택합니다. 10~11절을 보면 롯의 선택 기준이 나옵니다.

"이에 롯이 눈을 들어 요단 지역을 바라본즉 소알까지 온 땅에 물이 넉넉하니 여호와께서 소돔과 고모라를 멸하시기 전이었으므로 여호와의 동산 같고 애굽 땅과 같았더라. 그러므로 롯이 요단 온 지역을 택하고 동으로 옮기니 그들이 서로 떠난지라."

롯이 선택을 결정한 기준은 현실과 외형적 화려함이었습니다. 그는 눈에 보이는 비옥한 땅을 선택합니다. 그곳 사람들이 어떤지, 문화가 어떤지, 교육환경이 어떤지 전혀 생각하지 않았습니다. 지극히 육체적이고 쾌락적이며 즉흥적입니다. 믿음을 가지고 하나님께 묻는 모습이 전혀 보이지 않습니다. 여기서부터 그는 파국의 길로 들어선 것입니다. 사실 그가 선택한 땅은 교육적 측면이나 영적 측면에서 아주 험악한 곳이었습니다. 본문 13절에는 그 땅에 대한 하나님의 평가가 다음과 같이 아주 간단히 나옵니다.

"소돔 사람은 악하여 여호와 앞에 큰 죄인이었더라."

2. 아브라함의 선택입니다.

아브라함은 철저히 믿음에 따라 선택한 것을 볼 수 있습니다. 이 과정에서 아브라함이 경험적으로 확고하게 가지게 된 믿음은 무엇입니까? 인생의 복은 하나님으로부터 온다는 것입니다. 아무리 좋은 환경도 하나님을 떠나면 그것은 위험이 되고 저주가 될 수 있고, 반대로 아무리 악조건도 하나님이 함께 하시고 은혜를 주시면 그것이 안정되고 복되고 풍요로운 곳으로 변할 수 있다는 믿음입니다.

믿음의 사람은 가치관이 변해야 합니다. 아무리 좋은 환경도 하나님이 떠나면 그것은 위험이 되고 저주가 될 수 있고, 아무리 악조건이라도 하나님이 함께 하시고 은혜를 주시면 그것이 안정되고 복되고 풍요로운 곳으로 변할 수 있는 것입니다.

아브라함은 지난날 뼈아픈 경험을 한 사람입니다. 롯처럼 당시 최고로 좋은 환경이라고 일컫던 애굽에 내려갔다가 아내도 잃고 생명도 잃을 뻔했습니다. 애굽에서 아내를 누이라고 거짓말을 하는 바람에 혼쭐이 난 적이 있습니다. 그 경험으로 얻은 교훈은 열악한 환경이라고 외면했던 가나안 땅이었지만 하나님을 믿고 그분의 길로 가며 은혜를 입으니까 오늘의 안정과 풍요 속에 창대함을 누리는 복된 인생을 이룰 수 있었습니다.

사랑하는 동역자 여러분!

인생의 운명을 결정하는 것은 하나님의 은혜의 역사입니다. 이것을 삶에서 깊숙이 인정하고 선택할 수 있어야 믿음의 길을 갈 수 있습니다. 아브라함은 자신의 미래를 결정할 때 자기 임의대로 결정하지 않았습니다. 기도하며, 하나님이 언제나 자신과 함께하신다는 믿음이 있었습니다. 그는 늘 하나님의 인도하심을 구하는 신앙인이었습니다.

많은 사람들이 기도도 하지 않고, 하나님께 묻지도 않고, 자기 생각대로 자기 길을 선택하고 그것이 잘못되면 하나님을 원망합니다. 출발부터 잘못된 선택을 하고, 좋은 결과를 기대하는 것은 어리석고 무모한 태도입니다. 아브람의 선택은 오직 믿음에 기초한 것이었습니다. 하나님이 말씀하시고, 하나님이 약속하시고, 하나님이 허락하시면 어디라도 갔습니다. 하나님이 명령하시면 갈 바를 알지 못하고도 나아갔습니다. 그의 선택 기준은 오직 믿음이었습니다. 반대로 아무리 환경이 좋아도 하나님이 원하지 않으면 그만두기로 결단합니다. 이것이 하나님이 기뻐하시는 선택의 기준입니다.

오늘 말씀에 비추어서 중앙총회 동역자 여러분의 선택 기준은 어떤 것입니까? 보기에 좋고 먹음직한 롯의 선택입니까? 다시 말하면 총회 건물이 있고, 대학원대학교도 있고, 숫자도 많고,

돈도 많은 롯의 선택입니까? 아니면 아무것도 없이 맨몸으로 쫓겨났지만 하나님의 말씀을 따라 믿음의 길을 따라간 아브라함의 선택입니까?

2018년 9월 6일 밤 우리는 거룩한 분노로 아브라함의 길을 선택했습니다. 2년을 살아가는 동안 그 길은 결코 녹록치 않았습니다. 우리는 너무나 억울하고 불공평한 일을 당했음에도 세상은 우리 편에 서지 않았습니다. 재판 결과는 매번 우리에게 불리한 쪽으로 판가름났습니다. 처음에 아브라함의 길을 선택한 사람들이 하나둘씩 롯의 길을 가고 있습니다. '목사가 적을 둔 교단만 있으면 됐지 피곤하게 살 필요없다'고 타협해버리고 맙니다.

여러분! 타협은 마귀가 주는 것입니다. 믿음의 세계에는 두 길밖에 없습니다. 천국 아니면 지옥입니다. 영생 아니면 영벌입니다. 많은 분들이 세상과 타협하므로 이쪽은 점점 숫자가 줄어들고 힘이 약해져 가고 있는 것 같습니다.

그러나 우리가 낙심하지 말 것은 아직 끝이 아닙니다. 하나님의 때가 있습니다. 어리석은 자들의 결탁은 결코 오래가지 못합니다. 의기투합하여 목적한 바를 성취하고 공동의 적이 사라지면 서로를 향해 칼날을 겨누는 것이 어리석은 자들의 행태입니다. 하나님이 하실 것입니다. 그리고 우리는 2년 동안 하루 한

끼 금식 릴레이 기도를 쌓아 왔습니다. 기도는 결코 허공을 치지 않습니다.

숫자가 줄어드는 것도 낙심하지 말 것은 하나님의 일은 항상 경건한 소수의 사람을 통해 역사하시기 때문입니다. 엘리야가 하나님께 바알에게 무릎 꿇지 않는 자는 자기 혼자 남았으니 자기의 생명을 거두어 달라고 했을 때 하나님은 바알에게 무릎 꿇지 않은 칠천 명을 남겨 두었다고 하셨습니다. 이사야 1~12장은 '남은 자 사상Remnant'을 강조합니다. 6:13절에는 "밤나무 상수리나무가 베임을 당하여도 그 그루터기는 남아 있는 것 같이 거룩한 씨가 이 땅의 그루터기니라"고 했습니다. 끝까지 내가 선택한 아브라함의 길을 가시기 바랍니다.

사랑하는 동역자 여러분!

하나님이 기뻐하시는 선택은 땅에 것보다 하늘의 것입니다. 땅에 것은 롯이 택한 것처럼 겉은 화려하고 근사해 보이지만, 그것은 죽고 썩는 것입니다. 그러나 지금은 눈에 보이지 않고, 손에 잡히지 않지만 하늘에 것은 썩지 않고, 더럽지 않고, 쇠하지 않는 영원한 것입니다. 하나님이 기뻐하시는 선택은 믿음으로 하는 선택입니다.

하나님을 선택하고 그 길을 걸으면 어떤 유혹에도 흔들리지 않고, 어떤 한계에도 담대할 수 있는 자유가 주어집니다. 그래서 세상을 향해 누구에게든 "당신은 좌하십시오 그러면 나는 우하겠습니다. 당신이 우하십시오 나는 좌할 것입니다"라고 담대히 말할 수 있게 됩니다. "두려워 말라 내가 너와 함께함이니라"라는 말씀을 믿고 아브라함처럼 믿음으로 말씀을 따라 가는 주의 종들이 되시기를 주님의 이름으로 축원합니다.

2020. 5. 28.

중앙총회 경기지역 노회모임

나는 심었고

말씀: 고린도전서 3:6-9, 여호수아 24:15

모든 영광을 하나님께 돌립니다. 예사랑교회 원로목사 추대와 담임목사 취임예배에 참여하신 모든 분들께 감사를 드립니다. 특별히 예배 순서를 맡아 주신 예장중앙총회 총회장 이건호 목사님을 비롯한 예배위원들께 감사드립니다. 그동안 부족한 종을 도와서 예사랑교회를 섬겨 오신 모든 성도님들께도 감사를 드립니다. 또한 이 자리에 참여하신 기독교영성협의회 이강일 목사님과 조리기독교연합회 회원 목사님들께도 감사를 드립니다.

오늘은 제가 예사랑교회 담임목사로서 마지막 설교를 하는 날입니다. 물론 원로목사이니까 가끔 단에 서기는 하겠지만 담임목사로서 단에 서는 것은 마지막일 것 같습니다. 정확하게 2002년 1월 9일 송촌 토파즈 아파트에서 설립예배를 드린 날부터 뒤돌아보니 감회가 새롭습니다. 굽이굽이 눈물 골짜기도 많았고, 찬바람도 맞았지만 하나님께서 이 시간까지 십자가의 불을 끄지 않으시고 대를 이어가게 하신 은혜에 감사드립니다.

성경 리더들 가운데 고별 설교를 한 분들이 있습니다. 모세가 그러했고, 여호수아가 그러했습니다. 오늘 설교는 주로 지난날의 간증을 좀 해야겠습니다. 17년 전 신학대학원 졸업반으로 송촌 토파즈 아파트에서 설립예배를 드렸습니다. 교회 건물을 얻을 재정이 없어서 이삼 년은 집에서 가족들과 예배를 드리려고 했습니다. 그때 설립예배에 모인 성도 수가 40여 명이었습니다. 설립예배 시에 하나님이 역사하셔서 저하고 같이 화정에 있는 한울교회를 섬겼던 손인관 안수집사님이 교회 건물 보증금을 헌금해서 그해 7월에 이곳으로 이사를 왔습니다. 교회 건물을 얻은 것만으로도 너무 감사해서 방석 20개를 만들었습니다. 기도원처럼 방석 깔고 예배를 드리려고 했습니다.

그런데 정중자 전도사가 개척했다는 말을 들은 중보기도자들이 장의자 한 개, 두 개를 마련해준 것이 지금 있는 14개가 되었습니다. 그뿐입니까? 강대상, 성찬기, 선풍기, 정수기까지 모두 성도들이 자원하여 헌물했습니다. 지금 있는 성물은 개척 당시 그대로입니다.

2002년 9월 28일에 이곳에서 창립예배를 드리고 목사 안수를 받았습니다. 이곳에 교회를 세우고 보니 목사에 대한 지역 사람들의 반응은 여러 가지였습니다. 첫째는 기도원 하다가 내려온 여자, 두 번째는 은사자방언, 예언, 신유, 세 번째는 이단이라고도 했습니다. 그런 연유로 타 교회에서 신앙생활을 하다가 우리 교회에 온 분들도 등록을 안한 채 망설이기도 했습니다.

그런데 이런 혼란을 일거에 무너뜨린 사건이 일어났습니다. 남편 장로님이 IMF 때 사업이 부도가 나고 너무 많은 스트레스를 받아서 그랬는지 '파킨슨병'에 걸렸습니다. 개척 해야지, 남편 병수발 해야지, 심방 가야지, 설교 준비 해야지 너무 힘들어서 어느 날 새벽 강단에서 하나님께 소리치며 이렇게 따졌습니다.

"하나님! 내가 언제 목사 된다고 했습니까? 그렇게 못한다고 했는데도 억지로 끌어다가 담임목사 통해서 신학교 보내시고, 개척까지 하게 하시고, 그러면 환경이라도 평탄하게 해주셔야지. 제가 이런 환경에서 어떻게 목회를 합니까? 하나님이 책임지세요."

울며불며 눈물 콧물 흘리고 기도하는 가운데 갑자기 조용하고 부드러운 어떤 음성이 들렸습니다.

"사랑하는 딸아, 네 남편 내가 책임질 테니 너는 내 일 열심히 해라."

깜짝 놀라 눈을 떠보니 아무도 없었습니다. 주님은 남편을 책임진다고 말씀하신 후 15일 만에 남편을 천국으로 불러 가시는 것으로 책임을 지셨습니다. 하나님은 순간순간 저를 하나님의 저울에 올려놓고 믿음을 달아보셨습니다.

장례를 마치고 강단에 서니 성도들이 저를 보는 눈빛이 달랐습니다. 지난날에는 저 목사에게서 무엇이 잘못되었나를 찾는 눈초리였는데, 이제는 말씀을 전하면 고개도 끄떡이고 '아멘' 소리도 잘 했습니다. 나중에 들을 이야기지만 "우리 목사님은 진짜 목사"라 했답니다. 남편의 임종을 뒤로 하고 예배를 인도한 목사라는 것입니다.

지난날의 눈물 골짜기를 이 자리에서 어떻게 다 말씀드릴 수가 있겠습니까? 이 부족한 종을 도와서 이제까지 우리 예사랑교회를 섬겨 오신 성도님들에게 진심으로 감사를 드립니다.

오늘 예식을 통해서 예사랑교회 2대 목사가 되실 김성은 목사님은 그릇이 깨끗합니다. 하나님이 귀하게 쓰실 것입니다. 성도님들은 담임목사님을 도와서 하나님의 교회를 잘 받들고 섬겨서 독립된 성전도 건축하고, 이 지역에서 없어서는 안될 구원의 방주로서의 역할을 감당하는 예사랑교회가 되기를 소원합니다.

이 자리에서 부족한 종이 하나님께 조그마한 것 하나 보고드릴 게 있다면, 제자를 키웠다는 것입니다. 제가 키운 제자는 제 딸 강애란 목사와 8년 동안 말씀으로 양육한 우태화 선교사입니다. 이들이 공교롭게도 주의 종들과 결혼한 까닭에 저는 두 개를 심었는데 거두기는 4개를 거두었습니다. 얼마나 수지맞는 장사(?)입니까.

강애란 부목사는 모세의 시종 여호수아처럼 이제까지 제 옆에서 사역을 도왔습니다. 좋은 직장 그만두고 전에 받던 봉급과는 비교가 안 되는 사례비를 받으며 이제까지 헌신해 왔습니다. 김성은·강애란 목사 두 사람 모두 그릇이 깨끗하니 하나님께서 귀하게 쓰실 것으로 기대합니다.

목사도 성도를 잘 만나야 하지만, 성도들도 목사를 잘 만나야 합니다. 여러분은 목사를 잘 만나셨습니다. 교회가 크고 프로그램이 많고 친교가 잘 돼야 좋은 교회가 아니라, 말씀을 바로 전하고 말씀과 삶이 일치되는 종을 만나야 합니다. 하나님은 우리에게 얼마나 큰 교회를 다녔느냐고 묻지 않으십니다. 얼마나 말씀에 순종하며 말씀대로 살았느냐고 물으실 것입니다.

사람마다 하나님께 받은 사명이 다 다릅니다. 모세는 이스라엘을 출애굽시킨 사명을 받았다면, 여호수아는 요단을 건너 가나안 땅을 정복하고 이스라엘에게 분배하는 역할을 감당했습니다. 다윗은 수많은 전쟁을 통해 통일왕국을 건설했습니다. 그러나 다윗이 아무리 성전을 건축하고 싶어 해도 하나님은 허락하지 않았습니다. 성전 건축은 솔로몬의 사명이었습니다.

저의 사명은 이곳에 복음의 씨를 심는 것이었습니다. 본문 6~7절을 보면 "나는 심었고 아볼로는 물을 주었으되 오직 하나님께서 자라나게 하셨나니 그런즉 심는 이나 물 주는 이는 아무 것도 아니로되 오직 자라게 하시는 이는 하나님뿐이니라"라고 씌어 있습니다.

여기서 "나는 심었고"는 바울이 복음을 전하고 교회를 세웠음을, 그리고 "아볼로는 물을 주었다"는 것은 말씀으로 성도들을 양육했다는 것을 뜻합니다. 교회를 세우고, 성도들에게 말씀을 가르치고 양육하는 것은 사람이 할 수 있습니다. 그러나 교회가 성장하고 성도들이 믿음으로 살아가게 하는 것은 하나님이 하시는 일입니다. 그러므로 우리 모두는 하나님의 일을 하는 동역자인 줄 믿습니다.

저는 결혼 전에 종합병원 외과 병동, 그것도 수술실에서 간호사로 오랫동안 근무한 경험이 있습니다. 의사가 수술 부위를 째고 그 안에 병의 원인이 되는 이물질을 잘라내고 바늘로 꿰매는 것까지는 의사가 합니다. 그러나 상처를 아물고 회복하게 하시는 것은 하나님이 하십니다. 낫게 하고 아물게 하는 것은 의사가 하지 못합니다. 그것은 하나님의 몫입니다. 우리가 열심히 사업을 하고 장사를 하며 노력하지만, 성공하게 하시는 분은 하나님이십니다. 또한 교회를 성장하게 하시며, 성도들의 믿음이 자라게 하시어서 홀로 영광 받으시는 분도 하나님이십니다.

그러므로 우리는 서로의 다름과 다양성을 인정해야 합니다. 세상에 나와 똑같은 사람은 없습니다. 하나님은 각자에게 알맞은 달란트를 주셨습니다. 이 속에 하나님의 뜻이 있습니다. 사도 바울은 "나의 나 된 것은 하나님의 은혜"라고 했습니다. 이 다양함 속에 우리가 해야 할 일이 있습니다.

18년 동안 목회사역은 미미합니다. 독립된 성전도 건축하지 못했습니다. 수백 명의 성도도 모으지 못했습니다. 그러나 분명한 것은 저는 이 교회가 하나님이 세우신 교회인 것을 확신합니다. 세상에는 하나님이 세우시지 않고 사람이 세운 교회도 있고, 사탄이 세운 교회도 있습니다. 분명 우리 예사랑교회는 작지만 하나님이 세우신 거룩하고 순결한 교회인 것을 믿으시기 바랍니다.

여호수아는 죽음을 앞두고 "오직 나와 내 집은 여호와만 섬기겠다"고 했습니다. 저는 이 말씀을 심비에 새기고 이제까지 목회를 해왔습니다. 예수님께서 "한 알의 밀이 땅에 떨어져 죽지 아니하면 한 알 그대로 있고, 죽으면 많은 열매를 맺느니라"_(요12장)고 하신 것처럼 여러분 자신이 한 알의 밀알이 되어야 합니다.

사랑하는 성도 여러분!

가정복음화에 힘쓰시기 바랍니다. 기도는 하늘의 문을 여는 열쇠입니다 제가 제일 안타까운 것은 성도님들이 기도에 힘쓰시지 않는 것입니다. 금식기도, 철야기도, 새벽기도에 힘써 보십시오. 역사가 나타납니다.

저는 그동안 금식을 밥 먹듯이 해온 사람입니다. 그 기도 덕분에 저의 가문은 거의 복음화가 이루어졌습니다. 그리고 목회하면서 저는 30여 명에게 세례를 주었습니다. 이것은 아마 한 알의 밀이 땅에 떨어져 죽었다는 것의 의미일 것입니다.

말씀 앞에 순종합시다. 말씀을 많이 아는 것이 중요한 것이 아니라, 적게 알아도 순종하는 사람이 성숙한 그리스도인입니다. 예수님의 마음으로 남을 나보다 낮게 여기며, 교회를 위하여 마음을 같이 하여 기도하는 것이 하나님의 동역자가 할 일인 줄 믿습니다.

그리하여 우리 예사랑교회 성도님들은 어떠한 환경에서도 자족하는 믿음의 소유자들이 되시기 바랍니다. 가난하든 부유하든 딱딱하든 거친 음식든 잘 소화시킬 수 있는 건강한 믿음의 소유

자들이 되시기를 주님의 이름으로 축원합니다.

2018. 11. 25.

고별설교

이 일을 어찌 합니까?

말씀: 열왕기하 6:1-7

가뭄으로 어려움을 겪는 이 땅에 비를 내리시더니 이제는 낮 기온이 35도를 오르내리는 무더위가 계속되고 있습니다. '이 또한 지나가리라'라는 말도 있듯이, 무더위가 아무리 기승을 부려도 이 또한 지나가게 되어 있습니다. 인생을 살다보면 크고 작은 문제를 만나게 됩니다. 배웠던지 못 배웠던지, 가진 것이 많든지 적든지, 지위가 높든지 낮든지 상관이 없습니다.

우리는 지금 21세기 최첨단 과학의 시대에 살지만 뉴스를 보면 전 세계 곳곳에서 들려오는 문제로 가득합니다. 우리나라만 보아도 청년실업문제, 노인문제, 저출산문제, 노사문제, 남북문제, 요즘은 일본의 경제 보복이라는 문제까지 터져 나왔습니다. 이 일을 어찌하면 좋습니까?

하지만 동역자 여러분!

이러한 문제로 너무 낙심하지 마시기 바랍니다. 왜냐하면 문제가 있는 곳에 길이 있기 때문입니다. 문제는 인간에게 어려움을 가져다주지만 또한 새로운 길을 찾고 여는 기회도 됩니다. 내 앞에 당한 어려운 문제를 어떻게 처리하느냐에 따라 삶이 새롭게 도약하기도 하고, 더 고통스런 비극적 상황으로 빠져서 파멸되기도 합니다.

오늘 본문은 주전 800년 경 엘리사가 운영하는 선지학교가 크게 성장하자 생도들이 스승인 엘리사에게 요단강에서 나무를 베어다가 그곳에 기숙사를 넓히자고 이렇게 제안하는 부분입니다.

"우리가 요단으로 가서 거기서 각각 한 재목을 가져다가 그곳에 우리가 거주할 처소를 세우사이다 하니 엘리사가 이르되 가라 하는지라."(2절)

생도들이 이 장소는 협소하니 선지학교를 요단으로 옮겨 확장하자고 하자 엘리사는 이를 허락합니다. 그때 한 생도가 "스승님도 같이 가시지요"라고 해서 엘리사도 동행을 하게 됩니다.

그때 문제가 발생합니다. 요단강에서 나무를 베던 한 생도의 도끼가 자루에서 빠져나가 물에 빠지고 맙니다. 더구나 이 도끼는 생도가 이웃집에서 빌려온 것이었습니다. 당시에 도끼는 가난한 사람은 가질 수 없는 것이었습니다. 큰 일이 난 것입니다. 예나 지금이나 주의 종들은 생활이 넉넉한 사람이 거의 없습니다. 빌려온 도끼를 물어 주기에 생도의 삶은 너무 가난했습니다. 도끼 값을 물어줄 형편도 못되고, 도끼가 없으니 작업을 계속할 수도 없었습니다. 작업 중단과 함께 큰 경제적 손실까지 발생한 상황에서 선지 생도는 이 문제를 어떻게 했을까요?

1. 선지 생도는 문제를 엘리사에게 가지고 갔습니다.

본문에 보면 "이에 외쳐 이르되 아아 내 주여 이는 빌려온 것이니다"(5절)라고 소리쳐서 스승에게 문제를 알렸습니다. 문제가 발생했을 때 혼자 고민하면 그것이 점점 커져서 자신을 짓누르고 파괴하는 거대한 산이 되어 버립니다. 문제가 발생했을 때는 그것을 누군가와 나누어야 합니다. 그런데 그 문제를 누구와 나누느냐가 관건입니다.

세상 사람들은 문제를 가지고 이 사람 저 사람 찾아다닙니다. 사람을 찾아다니면 문제가 더 커지고 절망만 더할 뿐입니다. '침소봉대針小棒大'라는 말이 있습니다. 문제를 가지고 이 사람 저 사람에게 나팔을 불다보면 처음에는 바늘만한 것이 나중에는 몽둥이로 변한다는 것입니다. 사람은 의지할 대상이 못됩니다. 사람과 나누지 마십시오. 성경은 사람에게 의지하는 것을 금하고 있습니다.

시편(146:3)을 보면 "귀인들을 의지하지 말며 도울 힘이 없는 인생도 의지하지 말지니"라는 말씀이 나옵니다. 따라서 인생의 난관에 봉착할 땐 무엇보다 하나님 앞에 문제를 가지고 나오는 것이 지혜입니다. 선지 생도는 그 문제를 하나님의 사람인 엘리사에게 가지고 갔습니다. 엘리사는 하나님을 대신한 사람입니다

2. 선지 생도는 문제의 원인을 알았습니다.

문제의 배후에는 문제의 원인이 있습니다. 엘리사가 묻습니다.

"하나님의 사람이 이르되 어디 빠졌느냐 하매 그곳을 보이는지라."(6절)

어려운 일을 당했을 때 그 원인을 알면 문제는 쉽게 풀립니다. 오히려 전화위복의 기회가 되어서 더 좋은 결과를 얻을 수도 있습니다. 문제가 계속 꼬이는 것은 문제의 원인이 무엇인지 모르기 때문입니다. 생도는 도끼가 빠진 지점을 정확히 알고 있었습니다. 문제의 원인을 모르면 어떻게 될까요?

미국의 어느 공장에서 기계가 고장나 수리기사를 불렀습니다. 수리비로 200불이 청구되었습니다. 공장 주인이 "어디가 고장나서 수리비가 그렇게 비싸냐?"고 물었습니다. 수리 기사는 "볼트 하나가 고장이 났습니다"라고 답했습니다. 주인이 "겨우 볼트

하나를 그렇게 비싸게 받소?"라고 하니 수리기사가 "나는 볼트 값으로 5센트를 청구했습니다. 나머지 199불 95센트는 어디가 고장인지 발견하기 위한 비용입니다"라고 했습니다.

많은 사람들이 자신의 문제를 두고 그 원인을 모르는 데서 상황이 악화됩니다. 문제의 원인을 모르거든 그것마저도 하나님께 가지고 나와 지혜를 구해야 합니다. 성경은 "너희 중에 누구든지 지혜가 부족하거든 모든 사람에게 후히 주시고 꾸짖지 아니 하시는 하나님께 구하라"(약1:5) 라고 조언합니다.

성도들 가운데 문제 해결을 엉뚱한데서 찾는 것을 봅니다. 목회자가 볼 때 영적으로 풀어야 할 문제를 그들은 육신으로 해결하려 합니다. 하나님께 엎드려 기도하고 회개해야 하는데, 그렇게 하지 않고 자신의 상황과 조건에서 찾으며 하나님을 원망합니다. 문제가 닥칠 때마다 낙심하고 좌절하기에 앞서 더 깊이 기도하며 문제의 원인을 알게 해달라고 기도해야 합니다. 그 원인을 하나님께 온전히 맡길 때 하나님께서 멋지게 해결해 주실 줄 믿습니다.

3. 선지 생도는 엘리사의 방법을 믿고 의지했습니다.

선지 생도가 엘리사에게 도끼를 찾아달라고 부르짖었을 때, 엘리사는 나뭇가지 하나를 베어서 물 위에 던졌습니다. 이 행동은 물에 빠진 도끼와 전혀 상관없어 보입니다. 도끼를 건지려면 물에 들어가든가, 요즘 같으면 펌프로 물을 퍼내든가 해야 하는데 달랑 나뭇가지 하나를 꺾어 던진다는 것은 전혀 이해가 되지 않는 행동이었습니다. 그런데도 이 생도는 엘리사의 방법을 끝까지 믿고 조용히 기다렸습니다. 그 결과 도끼가 떠올라 다시 일을 하게 되었습니다.

하나님이 하시는 일이 때때로 우리의 이성으로는 도저히 이해가 가지 않을 때도 있습니다. 그러나 하나님을 믿고 기다려야 합니다. 하나님은 전지전능하신 분입니다. 여기서 엘리사가 던진 나뭇가지가 무엇입니까? 이 나무는 영적으로 십자가를 상징합니다. 십자가는 능력입니다. 구원입니다. 생명입니다.

선지 생도가 물에 빠진 도끼를 찾아 달라고 했을 때, 엘리사가 달랑 나뭇가지 하나를 던지는 것을 보고 그것을 믿지 않았다면 어떻게 되었을까요? 기적은 일어나지 않았을 것입니다. "믿음이 없이는 하나님을 기쁘시게 못한다"고 했습니다. 믿음으로 기다려야 합니다.

우리는 하나님을 생각할 때 하나님의 단편만을 생각합니다. 하나님은 보이지 않는 영역에서 영적 전쟁을 일으키시고, 승리하시고, 영혼을 구원하시는 하나님만으로 여길 때가 종종 있습니다. 그러나 만물은 하나님의 말씀으로 창조되었습니다. 만물의 모든 물질을 제어하시는 분은 오직 하나님 한 분 외에는 없습니다. 그러므로 보이지 않는 영역뿐 아니라 보이는 세계에서도 여전히 역사하시는 하나님의 능력을 믿을 때, 우리의 믿음은 온전하게 됩니다.

사역을 Ministry라고 합니다. 사역의 기초는 인격입니다. 사역의 모델은 예수님이십니다. 목회자는 목회자의 인격이 있습니다. 아무리 천사의 말을 할지라도 인격이 결여되면 성도들에게 신뢰를 얻지 못합니다. 그러면 목회자의 생명은 끝납니다. 예수님은 이해의 대상이 아니고 믿음의 대상입니다. 때로는 주님이 하시는 일이 이해가 되지 않아도 믿고 기다려야 합니다. 예수님만이 문제의 해결자이십니다.

2019. 8. 8.
중앙총회 전권위원회

좋은 교회는 함께 만들어 갑니다

말씀: 마16:18

사랑하는 성도 여러분!

좋은 교회를 찾고 계십니까? 좋은 교회는 저절로 되는 것이 아니라 함께 만들어 가는 것입니다. 욕심을 내십시오. 좋은 학교를 욕심 내듯이 겉모양 상관없는 세상 기준으로 교회를 만들려 하지 말고, 좋은 교회를 모델 삼아 우리도 좋은 교회를 만들어 가야 합니다. 부담 없이 다니는 교회는 절대 좋은 교회가 아닙니다. 십자가의 부담이 없는 교회를 통해서 우리의 신앙을 키운다는 것은 불가능한 일입니다.

남이 수고하고 십자가 지길 원하지 말고, 내가 먼저 수고하고 십자가 지길 원하시고 정직한 부담을 요구하는 교회가 좋은 교회입니다. 순수한 사람이 빠지기 쉬운 오류 중 하나는 예배를 중심으로 하는 교회를 원하기보다 교제와 봉사를 중심으로 하는 교회를 원한다는 것입니다.

그러나 교회는 봉사하러 가는 것이 아니고, 예배드리기 위해 가는 곳이기 때문에 예배가 자신에게 은혜 되게 하는 것이 최우선의 기준이 되어야 합니다. 그러므로 은혜로운 예배가 되게 해 달라고 기도하고, 은혜를 사모하며, 간절한 마음으로 신령과 진정으로 예배드려야 합니다. 이런 예배가 살아 있는 교회가 좋은 교회입니다.

좋은 교회는 자기를 기쁘게 하려고 힘쓰는 교회가 아닙니다. 하나님을 기쁘시게 하기를 힘쓰는 교회입니다. 하나님을 가장

기쁘시게 해드리는 것은 첫째는 예배요, 둘째는 선교와 구제입니다. 교인들의 헌금에 의존하여 그 헌금으로 선교와 구제에 잘 쓰는 교회가 좋은 교회입니다. 선교와 구제에 대한 열정과 비전이 있는 교회가 좋은 교회입니다.

가정에서 어린아이를 바르게 양육하기보다 집을 늘리거나 자동차를 사고 놀러 다니기 좋아하는 가정이 있다면 그 가정은 더 이상 희망이 없습니다. 교회도 마찬가지입니다. 교회에서 자라나는 아이들과 청년들을 자기 집 아이처럼 소중히 여기고 주의와 교양과 훈계로 양육하기 위하여 애쓰고 투자하는 교회가 좋은 교회입니다. 교회 교육에 관심을 가지고 투자하는 교회가 좋은 교회입니다.

담임목사가 시무함이 기쁨이 되는 교회가 좋은 교회일 가능성이 높습니다. 좋은 교회를 만들기 위해 기도하십시오. 목회자와 성도들과의 아름다운 관계를 만들기 위하여 늘 기도해야 합니다. 예수님께서는 교회를 세우실 때 '내가 이 반석 위에 내 교회를 세우리니 음부의 권세가 침범치 못한다'고 하셨습니다. 교회의 주인은 바로 예수님이십니다. 교회는 예수님이 세우시는 것이지 사람에 의해 세워지는 것이 아닙니다.

개척 멤버가 주축이 된 교회는 사람이 세워가는 교회일 가능성이 높습니다. 목사님이 주인인 교회도 사람이 세운 교회일 수 있습니다. 종으로서 당연히 해야 할 일을 하는 것이라고 고백할 수 있는 사역자와 성도들과 직분자들이 있는 교회가 주님이 원하시는 좋은 교회가 될 것입니다. 말씀을 많이 아는 것보다 말씀을 삶에 적용하는 교회가 좋은 교회입니다.

하나님이 원하시는 교회는 그 교회의 주인이 예수님이 되는 교회입니다. 장로님, 권사님, 집사님, 목사님이 개척 멤버이고 그 교회를 세웠다며 자신의 권세와 이익과 명예를 요구하고 누린다면 그 교회는 사람의 교회이지 하나님의 교회, 즉 주님의 교회가 될 수 없을 것입니다.

가정이 건강하고 행복해야 행복하게 살 수 있습니다. 가정이 병들어 있으면 아무리 행복하게 살고 싶어도 그렇게 되지 않습니다. 교회를 떠나면 신앙생활 자체가 불가능합니다. 우리는 어떤 교회든 교회 안에서 신앙생활을 할 수밖에 없습니다.

교회가 건강하고 좋아야 행복하게 신앙생활을 할 수 있습니다. 그래서 건강하고 좋은 교회를 만드는 데 심혈을 기울여야 합니다. 모든 것이 머잖아 주님의 심판대 앞에 벌거벗은 것처럼 모두 드러날 것이며, 행한 대로 보응을 받을 것입니다. 그러한 장래를 내다보지 않는 자는 상식을 초월하고 진리를 거슬리는 마귀의 궤계로부터 자유로울 수 없습니다. 상식이 통하는 세상, 진리가 있는 교회의 모습이 회복되기를, 모든 성도들이 함께 기도

할 수 있기를 간절히 바랍니다.

2015. 8. 7
구역예배

마침표를 잘 찍읍시다

말씀: 디모데후서 4:6-8

우리 시대의 인문학자로 알려진 고故 김열규 교수는 그의 저서 《아흔 즈음에》라는 책에서 이렇게 쓰고 있습니다.

"인간이 해내고 치르고 겪고 하는 하고 많은 일 중에서 끝냄은 여간 소중한 게 아니다. '유종의 미', 곧 끝마침의 아름다움이란 말이 있듯이 무슨 일에서나 시작과 중간은 끝맺음으로 더 한층 보람차게 된다. 글을 쓰다가도 마지막 문장을 쓸 때 마침표를 찍는 것에 힘을 주게 된다. 컴퓨터로 글을 작성하고 있었다면 자판 두드리는 소리가 유난히 커지게 되고, 육상경기를 할 때 결승선에 가까워지면 마지막 기운을 왕창 쏟게 되어 있다."

자연인도 이렇게 마지막을 소중히 여겼다면 신앙인의 마침표는 어떠해야 할까요? 마침표와 쉼표는 다릅니다. 마침표는 문장을 끝내는 부호이지만, 쉼표는 잠깐 쉬었다 다시 시작한다는 뜻입니다. 본문에서 바울은 "관제와 같이 벌써 내가 부음이 되고 나의 떠날 기약이 가까웠도다"(6절)라고 했습니다. '관제'란 제사를 드릴 때 제단 위에 기름을 붓는 의식 중 하나의 절차입니다. 즉, 바울 자신을 친히 준비한 제단에 희생 제물로 드리겠다는 표현입니다. 진리의 복음 때문에 그리스도와 온 교회를 위해 순교자의 길을 준비할 때가 되었다는 것입니다.

어느 누구에게나 죽음의 관제는 찾아옵니다. 바울은 성도가 이 땅을 살면서 어떤 자세로 살아야 하는가를 본인의 간증을 통해 피력하고 있습니다.

첫째, 선한 싸움을 싸웠다고 했습니다.

바울이 주님께 받은 사명은 복음을 이방에 전하는 것이었습니다. "이 사람은 내 이름을 위하여 이방인과 임금들과 이스라엘 자손들 앞에 전하기 위하여 택한 나의 그릇이라"(행9:15)고 했습니다. 복음을 전하려면 사탄과 싸워야 합니다. 바울은 그것을 선한 싸움이라고 표현합니다.

둘째, 달려갈 길을 마쳤다고 했습니다.

달려갈 길은 신앙의 경주를 말합니다. 우리는 저마다 달려갈 길이 다릅니다. 신앙의 경주가 짧은 사람이 있는가 하면 긴 사람도 있습니다. 마치 달란트를 각기 다르게 받은 것과 같습니다.

바울은 자신이 달려갈 길을 잘 마쳤다고 당당하게 말합니다.

셋째, 믿음을 지켰다고 했습니다.

믿음의 길은 주님이 부르실 때까지 가야 하기 때문에 일생 동안 한결같기가 참 어렵습니다. 때로는 주저앉을 때도 있고, 뒤돌아 볼 때도 있습니다. 그러나 바울은 다메섹 도상에서 부활하신 주님을 만난 이후 이 시간까지 믿음을 지켰다고 고백하고 있습니다. 바울은 여기서 세 개의 동사를 사용했습니다. 싸웠다, 마쳤다, 지켰다로 모두 완료형입니다. 한마디로 바울은 자기 직무를 다했습니다. 그렇기에 아무런 아쉬움이나 뉘우침 없이 자신의 삶을 기쁘게 마감할 수 있었던 것입니다.

사랑하는 동역자 여러분!

그 어떤 것보다 주님을 향한 우리의 믿음을 지킵시다. 우리는 많은 사람 가운데 "너는 내 것이라"고 지명하여 부름을 받은 사람들입니다. 잠시 잠깐 사는 동안에 좀 힘들고 손해가 난다고 믿음을 저버리지 맙시다. 내 신앙 양심이 내가 한 행동에 부끄러움이 없어야 합니다. 하나님께 쓰임 받다가 버려지는 인생이 아니라 끝까지 쓰임 받읍시다. 늙어서 없어지지 말고 주님 일하다가 닳아서 없어지게 해달라고 기도합시다. 마침표를 잘 찍으려면 선한 싸움을 해야 합니다. 끝까지 신앙의 경주를 해야 합니다.

믿음을 지켜야 합니다. 그리하여 그리스도의 심판대 앞에 서는 날, 우리 모두 주, 곧 의로우신 재판장께서 주시는 의의 면류관을 받아쓰시기를 바랍니다.

2020. 6. 29.
중앙총회 임원회

❖·저자 사진 모음·❖

코헨신학대학교 학위 수여식

딸, 사위 목사 안수식

경기지역 노회 연합예배 인도

경기지역 노회 연합

교회 성도들과 함께

이 · 취임식

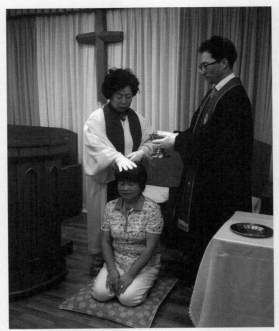

세례식

가족 사진

신학대학원 졸업식(아들과 함께)

두 딸과 함께

뒷모습이 아름다운 사람

초판1쇄 인쇄   2020년 11월 15일
초판1쇄 발행   2020년 11월 20일

지은이   정증자
펴낸이   김진성
펴낸곳   벗나래

편집   허강
디자인   장재승
관리   정보해

출판등록   2015년 2월 21일 제2016-000007호

주소   경기도 수원시 장안구 팔달로237번길37, 303(영화동)
전화   02-323-4421
팩스   02-323-7753
홈페이지   www.heute.co.kr
이메일   kjs9653@hotmail.com